PUTOAMOR

PUTO AMOR

MALBERT

PLAN B

Papel certificado por el Forest Stewardship Council®

MIXTO
Papel procedente de fuentes responsables
FSC® C117695

Penguin Random House Grupo Editorial

Primera edición: septiembre de 2021

Travessera de Gràcia, 47-49. 08021 Barcelona
Todas las imágenes son del autor excepto:
P. 13: Dan Tyler / Unsplash; p. 33: Alexander Popov / Unsplash; p. 59: Annie Spratt / Unsplash; p. 73: Alex Hudson / Unsplash; p. 95: Eugene Mykulyak / Unsplash; p. 112: christian buehner / Unsplash, x o p i t o / Unsplash, Alfred Kenneally / Unsplash, Becca Schultz / Unsplash, christian buehner / Unsplash y Taras Chernus / Unsplash; p. 113: Renate Vanaga / Unsplash; p. 114: StockPhotosArt / iStock; p. 127: Milan Csizmadia / Unsplash; p. 133: Jonathan Nguyen / Unsplash; p. 142: Manuel Torres Garcia / Unsplash; p. 157: Ina Carolino / Unsplash; p. 158: © Israel Stonem; p. 179: Luke Stackpoole / Unsplash.

Printed in Spain – Impreso en España

ISBN: 978-84-18051-21-0
Depósito legal: B-10.541-2021

Compuesto por Marc Cubillas
Impreso en Gómez Aparicio, S. A.
Casarrubuelos (Madrid)

PB 5 1 2 1 0

Dedicado a todos mis ex,
con cariño.
Que os jodan.

ÍNDICE

Presentación

¡Hola, xoxo!

En primer lugar, querido lector, si eres una persona desgraciada, con mala suerte, hasta el coño de la vida, crees firmemente que la palabra que más te define es «inútil» y cada mañana te levantas de la misma forma que naciste —en contra de tu voluntad—, este es tu libro. Porque después de leerlo te vas a considerar la persona más exitosa y afortunada del planeta.

¿Tú sabes la típica amiga a la que todo le va mal? Esa amiga desgraciada que no tiene suerte en nada, ni en el amor ni en el trabajo; vamos, en la vida en general. Que cada vez que la escuchas hablar de su vida de mierda piensas: «Joder, pues tampoco estoy tan mal». Pues la amiga soy yo.

Yo soy Malbert, o más conocido como «la Potra». Una mamarracha criticona de internet, intensa y porculera, a la que le gusta insultar. (Bueno, «insultar» para algunos, «hablar con propiedad» para mí). Todo un partidazo, el sueño de toda suegra.

Mi vida es un cuadro, pero uno de los grandes, de los que presiden el Reina Sofía. Y claro, si juntamos mi mala suerte en la vida con lo puta que soy, el resultado es este libro. Yo es que soy muy fina, pero a veces soy un poco guarra. Y se ve que eso a Diosito no le gusta y me envía señales en forma de ex hijos de puta. Diosito, creo que he captado la indirecta; por favor, deja de mandar hombres imbéciles a mi vida, porque ya te adelanto que guarra no voy a dejar de ser.

No es mi culpa si soy un poco enamoradizo. Pero es que a la gente a veces le gusta jugar al despiste y yo malinterpreto las indirectas en plan «Uy, perdona por interpretar por tu mirada de dos segundos que quieres que pasemos toda una vida juntos». A la gente le gusta ser tan ambigua que a una la confunden. Entre eso y que lo de ligar se me da un poco regu... No sé ligar, yo solo sé preguntar si ya comió.

En este libro vas a encontrar la vida de una persona predestinada al fracaso amoroso. Puta, pero fracasada. Historias que me han hecho madurar, llorar de dolor y/o placer, reír y, sobre todo, cagarme en los hombres. Soy de los que dicen: «No, es que yo soy *single*». Sí, «*single*», porque decir que «nadie me soporta, ya que me doy asco hasta a mí mismo» quedaba muy largo.

Hace ya un tiempo saqué mi primer libro: *No insultes, gilipollas*. Cuando el anuncio de semejante obra literaria se hizo público, muchos pedantes y puristas de la lectura se me echaron encima: «Otro youtuber con un libro de mierda», «Ahora le publican un libro a cualquier subnormal», «Tanta gente con talento queriendo publicar y le dan visibilidad a gilipollas como este», «Los youtubers deberían tener prohibido sacar libros», «¿Quién va a comprar semejante basura?», «Vomitivo ver esto en las librerías», «Es un insulto a la literatura». Pues a todas estas personas, y tras llegar a la sexta edición con mi primer libro, tan solo les quiero decir una cosa: bienvenidos a mi segundo libro. Que lo disfrutéis. ;)

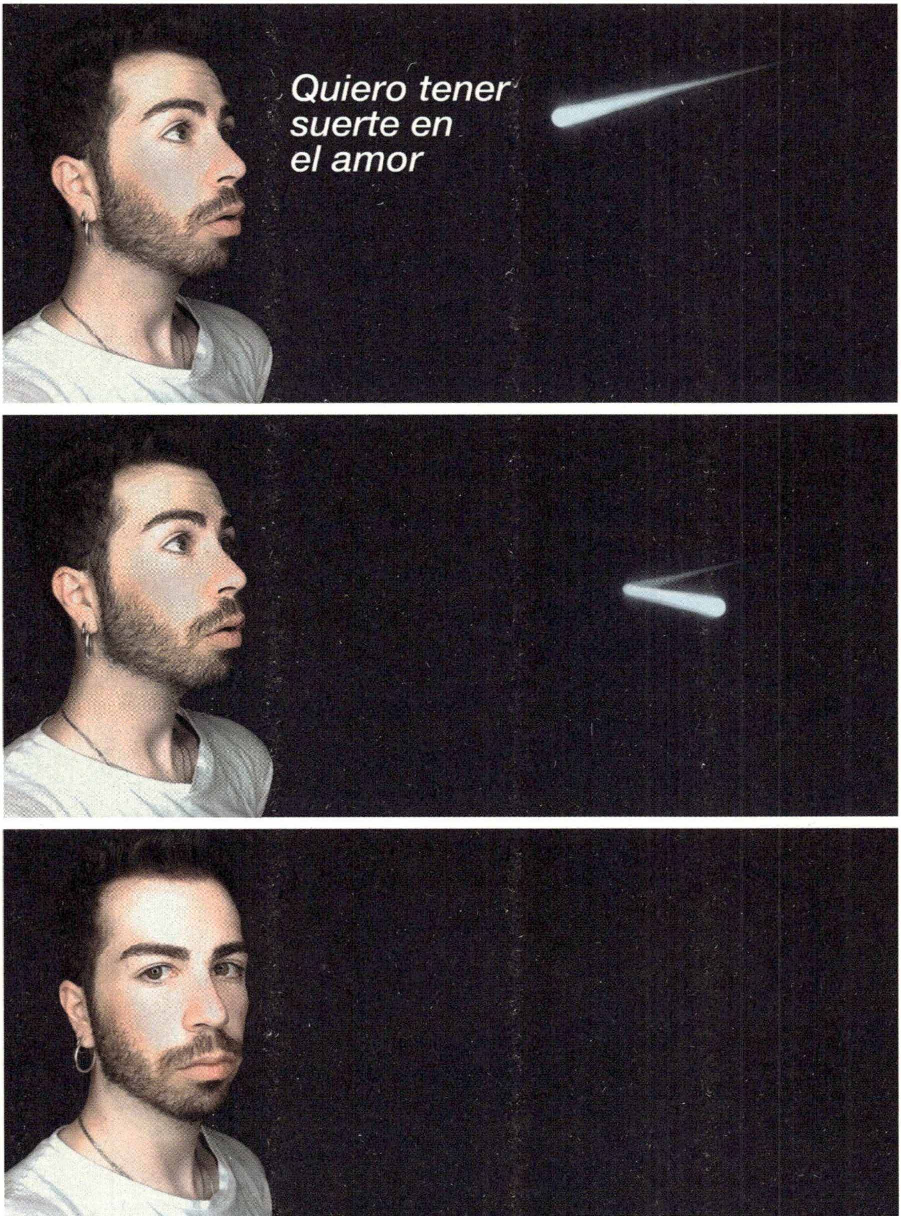
Quiero tener suerte en el amor

03:00
Sábado, 21 de julio
CAPÍTULO 1
ahora
No eres tú, soy yo.

Aisss…, el amor, qué cosa tan bonita, ¿verdad, amigues?

¡Vete a la mierda!

Perdón, perdón, perdón, no hablo yo, habla mi despecho. La suerte nunca ha sido mi fiel amiga, y en el amor pues no iba a ser menos. Desde la terrible ruptura sentimental que dejó a medio país consternado —la de Makoke y Kiko Matamoros—, a mí me cuesta creer en el amor.

Me hace mucha gracia cuando a veces leo frases motivadoras en Instagram, acompañadas de dibujitos de Piolín bailando y rodeado de muchos corazones con purpurina, que comparte cualquier señora de edad avanzada y rulos en la cabeza, en las que se dicen cosas como: «Hoy será un buen día, la suerte está de tu lado». ¡Claaaro, amoreee! A mí la suerte me persigue, pero es que yo siempre consigo ser más rápido. ¿Podríamos llegar a considerarme «la desgraciada del amor»? Podríamos, podríamos. Aunque yo prefiero llamarme «la viuda negra». Así parece que todos se me mueran, y me siento mejor. (Aclaro que es una broma: no se me ha muerto ningún ex, aún no conozco ese placer).

Pero os prometo que no exagero, he vivido más rupturas que años tengo. Mis vídeos podrían titularse, literalmente:

«BROMA PESADA A MÍ MISMO: ME PUTO PILLO DEL PRIMERO QUE PASA **SALE MAL** | MALBERT»

De todo esto he sacado algo muy claro: quien se enamora pierde; el amor es una puta mierda, una burbuja enfermiza que te machaca constantemente hasta verte hundido y, cuando comprueba que estás medio agonizando en el suelo, no contento con ello, para más sufrimiento va y te pone en bucle la discografía completa de los Gemeliers.

Es puro dolor. Solo sufrimiento. Pero lo llevo bien, ¿eh? No creo que mis desastres amorosos me hayan pasado mucha factura. Yo pienso que soy bisexual para que puedan rechazarme tanto hombres como mujeres. ¡Ay, qué loquita!

Estoy un poquito cansado del amor idealizado que nos venden en las películas de Antena 3 los domingos por la tarde. Chica mona, blanca y de tobillo delgado se tropieza en la calle con un apuesto empresario millonario que le hará descubrir lo que es el amor verdadero: un amor perfecto, maravilloso y que dura toda la vida. ¡Váyase usted a la mierda, señor guionista de películas! ¿Por qué miente? ¿Le gusta ser una mentirosa? Es que yo veo las películas y me lo creo, ¡ME LO CREOOO! Pero luego me enamoro del Jhony de mi barrio y no es lo mismo. ¡NO ES LO MISMO! Igual muy avispada tampoco soy, porque comparar al empresario de la película con el Jhony..., como que no. Aunque, si llamásemos a su empresa Cogollos a Domicilio, pues igual un poco empresario sí que es. Pero que no nos engañen, que nos digan la verdad. ¿Por qué no hacen películas realistas? A mí me ponen una película donde la protagonista pasa las noches en batín, bebiendo vino y alimentándose a base de tigretones porque nadie la quiere, arrastrándose cada madrugada cual cucaracha del sofá a la cama mientras sus doce gatos la miran y piensan: «¡Puta borracha!», y ahí te digo: «¡¡¡I FEEL YOU, AMIGA!!!». Con eso sí empatizo. Y entonces yo ya me voy haciendo a la idea de cómo será mi futuro.

Desde bien pequeño había pensado que mi vida de adulto iba a ser feliz y completa junto a un marido que me amase, y ahora que soy adulto doy gracias la mañana que me levanto y digo: «Bueno, al menos estoy vivo».

Aun así, yo no dejo de intentarlo, ¿eh? Mucho quejarme, pero a mí me haces un poco de caso... Voy más allá: TÚ A MÍ ME ROZAS CON EL CODO SIN QUERER, y ya estoy buscando las mejores calas de Punta Cana para celebrar nuestra boda ibicenca llena de amor y mojitos. Así soy yo, sencilla. Que me dices hola y ya estoy viviendo en tu casa. Y tampoco creas que me pongo muy exquisito: ha llegado un punto en el que, mientras sean mayores de edad y respiren, me sirven. A veces incluso puedo prescindir de lo segundo, siempre y cuando nos hayamos casado antes, evidentemente. Puta pero lista.

Hasta llegar a este punto en el que cualquiera me sirve, ha llovido mucho. Vamos que si ha llovido... Que me he ahogado, vaya, y no precisamente con lo que quisiera ahogarme. Desde mi ex el loco hasta mi ex el de Londres, pasando por mi ex el fotógrafo adicto al spinning, mi ex el psicólogo o mi ex el Tuberías. Lo de «el Tuberías» no quiero explicarlo, solo diré una palabra: trípode (una cosa bárbara). Y esto no es más que un breve resumen, porque mi currículum sentimental tiene más páginas que *Los pilares de la Tierra*.

Claro, como yo me enamoraba igual tanto del chico con el que había intercambiado un par de lengüetazos traviesos una noche como del que había estado tres años conmigo, pues yo los contaba a todos como novios o rollos. Que quizás había algunos de los que no me sabía su nombre, o que puede que ni me lo hubieran dicho, pero lo que sí me decían con su mirada era «TE AMO». Bueno, igual no, pero lo interpretaba yo. A veces hay que sacrificar la realidad en nombre de la ficción.

Lo que voy a contar ahora no es broma, te juro que es 100 % verdad. En mis tiempos mozos, cuando aún se llevaban las BlackBerry, yo tenía mucho tiempo libre, pero también una nota en el móvil en la que había escrito una lista de todos los chicos con los que me había enrollado. No por presumir ni por nada en concreto, sino porque llegó un momento en el que mi mente no era capaz de retener tanta información y se me olvidaban. Y siempre eran mis amigas las encargadas de recordarme aquella noche en Pachá en la que aprendí francés con un guiri, y no precisamente el idioma.

Aquella lista duró hasta que uno de mis ex la descubrió y tuve que fingir que me había entrado en el móvil un hacker turco muy malo. Obviamente no se lo tragó, pero creo que me vio tan apurado que no quiso hacer muchas preguntas. Recuerdo que en aquella lista había más de cien nombres, y no estoy exagerando (puta, puta, puta). Además, como había muchos cuyos nombres no recordaba, o directamente ni los sabía, pues la lista era algo así:

●●○○○ 04:34

Notas

- Javi
- Diego
- Daniel de Madrid
- Juanjo
- Edu
- Daniel de Barcelona
- Abel
- Marcos Tinder
- Chico de camiseta roja Fin de Año
- Hermano Laura
- Pablo
- Moreno lavabo Razzmatazz
- Toni
- Negro desgarre carnaval
- Lucas
- Polaco alto
- Pelo largo Pachá
- Guiri San Juan
- Álex (Otitis)

En mi época de adolescente, aquello era un desmadre. Me daba igual cuatro que cincuenta. Álex no se apellidaba «Otitis», eso es porque desgraciadamente pillé una otitis por hacer una felación bajo el mar. Gajes del oficio. Esto me pasa por guarra, como todo. Aunque reconozco que mereció la pena sacrificar el oído durante una semana por aquel tronco acuático. Ya ves tú, para lo que hay que escuchar... A mí me compensa. De hecho, yo no me fijaba en las mariquitas de mi pueblo y alrededores, porque o ya me los había follado o no me gustaban, así que tenía que ir a Barcelona centro: al meollo del asunto. Recuerdo que siempre quedábamos en un gran árbol que había delante del Corte Inglés de Plaza Cataluña; lo llamábamos «El bollo», porque ahí era donde se reunían cada tarde las bolleras y los maricones; vamos, que te encontrabas de todo. Para mí, chico de pueblo y rodeado de personas cerradas de mente, ir al centro de Barcelona y ver tantísima gente tan diversa me parecía toda una aventura que suponía un acto de liberación. Antes de la cita, aprovechaba para ir al baño en el centro comercial porque, con los nervios, me cago las patas abajo y, después de haber hecho una hora de viaje en bus, mi estómago gritaba: «¡¡¡ABRAN COMPUERTAS!!!». Diarrea nerviosa lo llamo yo. ¡Cómo odiaba aquellos baños! Eran los típicos que tenían luz con sensor de movimiento y, cuando te pasabas un rato cagando, te tenías que mover un poco porque, si no, te quedabas a oscuras. Un aplauso para el inventor de la luz con sensor de movimiento en los baños, que te obliga a cagar como si estuvieses dirigiendo la Orquesta Sinfónica de Viena. Uyyy, la de conciertos que dirigía yo en aquellos baños, ja, ja, ja.

Vivía en un pueblo a las afueras de Barcelona y no podía ir hasta allí todos los días, porque el billete me costaba casi catorce euros ida y vuelta. Ni que me fuese a la otra punta del planeta, a Murcia. Por lo tanto, aprovechaba el viaje al centro para tener como mínimo tres citas a lo largo del día. Uno por la mañana, haciéndome la enamorada mientras desayunaba; el otro desde el mediodía hasta por la tarde, mientras nos liábamos en un parque rodeado de señores extraños que nos miraban entre arbustos; y luego, me iba a dormir a casa de otro. Y me besaba con todos, ¿eh? Hombreee, aquí, si se hace una cata, se hace bien. Unos buenos morreos traviesos y un toqueteo juguetón para saber quién calzaba mejor. Ella, palpadora oficial. También te digo: cero remordimientos. Con razón, cuando llegaba a la última cita, el chico me decía: «Uy, tienes la boca un poco roja, ¿no?». Y yo: «Uy, sí, sí. El frío, que me tiene la piel muy seca; hay que abrigarse más. No veas qué rasca en Barcelona». Aparte de puta, mentirosa: lo tenía todo. Pero, chica, es que hay gente tan guapa en este planeta que yo no me veía capacitado para decir que no. Era una fuerza superior a mí. Quizás me gustaba abarcar demasiado, pero conocí a chicos tan guapos que, cuando los veía, pensaba: «Te pongo una naranja en la boca y te como el culo hasta que hagas Fanta». #PoeticLove.

Además, prefería tener este tipo de rolletes a los que llamaba «novios precoces» porque me duraban poco, algunos incluso horas. Pero, oye, ese rato que pasaba con ellos me hacía la superenamorada, ¿eh? Fíjate mi nivel que les daba la mano al andar por la calle e igual los había conocido aquella misma tarde. Yo qué sé, si hay conexión, pues viva la fantasía, ¿no? Que me entregaba como si mi futuro dependiese de ello. Enamorada enamorada.

—Uy..., pero ¿me das la mano? —me decían sorprendidos.

—Bueno, ¿quién soy yo para frenar mis sentimientos? Me has caído muy bien y siento que me gusta estar en contacto contigo. —Eeeh, fantasiosa total.

Porque, sinceramente, para tener una relación formal conmigo, el candidato debe cumplir varios requisitos y aceptar lo que esto significa para mí:

UNA RELACIÓN DEBE SER 50/50

Tú te tiras tres horas
para elegir una película y
yo me duermo a los cinco minutos.

Tú te compras ropa nueva y
yo la estreno.

Tú te equivocas y
yo te digo: «Te lo dije».

Yo me tumbo y
tú me das un masaje
hasta que me duerma.

Tú sujetas el paraguas y
yo no me mojo.

Yo te doy la espalda y
tú me abrazas hasta que se te
duerma el brazo.

Tú cocinas y
yo te doy conversación.

Tú conduces y
yo te digo: «Era por la otra calle».

#TrueLove

Sí es cierto que aquella época fue una completa locura adolescente que, a día de hoy, repetiría sin dudar. Aprendí mucho, sobre todo a disfrutar del placer y descubrir lo que me gustaba. Pero, muy a mi pesar, nadie conseguía atraparme sentimentalmente. Siempre se repetía la misma historia: hablamos por redes durante semanas > me dice cuatro cosas bonitas > me enamoro > quedamos > es el amor de mi vida > al día siguiente: déjame en paz, ya me he cansado. Y así uno tras otro. Ninguno conseguía retenerme. Hasta que apareció ÉL. Yo tenía veinte años y una mañana recibí un mensaje por Facebook de un chico que no conocía de nada, pero que tenía agregado desde hacía años:

Laura, te has dejado las llaves del coche

Vale, Eustaquio, mañana paso a buscarlas

¡Hostia! Perdona, me he equivocado 😂😂.
Envié el mensaje desde la tablet y me confundí de chat

Jaja, tranqui

A todo esto, ¿quién eres y por qué te tengo en Facebook?

Pues yo me hago la misma pregunta, jaja

¿De dónde eres?

Un chico con gafas, ojos grandes, algo peculiar y con unas conversaciones un tanto extrañas que acapararon todo mi interés por su mundo interior. Había algo más que atracción física: su personalidad me despertaba mucha curiosidad. Cada vez que conocía algo nuevo de él, sentía que quería más y más. Bueno, eso y que tenía un pollón.

«El tamaño no importa, Malbert». Ya lo sé, pero ayuda, querida amiga, ayuda. A desembozar al menos.

Pues esta casualidad, que quizás el destino quiso poner en nuestro camino, desencadenó largas conversaciones hasta altas horas de la madrugada durante semanas que terminaron en una primera cita romántica en un restaurante italiano de Barcelona. Cita que, por cierto, terminó conmigo cabalgando en su cama como la buena potra que soy, no me escondo. Venga, ya he jodido todo el romanticismo. Lo siento, pero lo que es ES.

Ese chico —que me demostró aquella noche que podía hablar de todo con él— fue una de las relaciones más sanas que he tenido. Quedábamos de sábado en sábado hasta que nos enganchamos el uno del otro. Fueron tres largos años de relación en los que aprendí muchísimo. Cada Sant Jordi mi habitación se llenaba de rosas y algún que otro libro; nos encantaba hacernos regalos, aunque fuesen pequeños detalles hechos a mano: animales de papiroflexia, puntos de libro, cuadernos de fotos que relataban nuestra historia, botes de cristal llenos de piropos sobre lo que pensábamos el uno del otro... Cursiladas completamente vomitivas.

Recuerdo sentirme muy bien en su casa. Su familia siempre me trataba como uno más. Éramos los novios perfectos. Nos hacíamos regalos por Navidad, contaban conmigo para ir a cenar fuera, hacer excursiones... Me aceptaron desde el primer minuto. Nos queríamos mucho y teníamos una confianza ciega el uno en el otro. Nuestros domingos pasteleros eran sagrados: me despertaba temprano, cogía sus llaves y, mientras él dormía, yo iba al *mercao* de su pueblo. El día que estaba de suerte, le traía alguna camiseta por dos euros de la marca NICE o algún pack de bóxers de Kalvin Leen. Y, al volver, él ya me estaba esperando con todos los ingredientes del pastel preparados.

En aquel entonces, yo venía de una relación muy tóxica que me había hecho tener un concepto muy equivocado de lo que es una relación, que más adelante, si emocionalmente puedo, os contaré. Precisamente, con él aprendí a hablar sobre los problemas, a entender la importancia de la comunicación y de verbalizar todo lo que se nos pasa por la cabeza. Estaba completamente loco por él. Fíjate mi nivel de enamoramiento que, aun llevando tres años juntos, cada vez que venía a recogerme a la estación de tren yo seguía haciendo lo mismo que el primer día: buscaba mi reflejo en cualquier coche para asegurarme de que llevaba bien el pelo y sacaba mi minibote de colonia para perfumarme mientras trataba de calmar aquellas mariposas que aún sentía como la primera vez. Él siempre me decía que estábamos unidos por un hilo:

—¿Conoces la leyenda china del hilo rojo?

—No. —El único hilo rojo que conocía yo era el hilo del que colgaba el chorizo riojano de mi cocina.

—La leyenda cuenta que existe un hilo invisible de color rojo atado a los meñiques de las personas y que conecta a aquellos que están destinados a encontrarse, sin importar el tiempo, el lugar o las circunstancias. El hilo se puede estirar, contraer o enredar, pero nunca se romperá.

¿CÓMO COÑO NO ME IBA A ENAMORAR? Si es que yo escucho esas cosas y se me hace el xoxo pepsi-cola.

Una de esas tardes en las que estábamos de chill en su casa, me llamaron por teléfono para informarme de que me habían seleccionado para ocupar un puesto de trabajo. ¿El problema? Era en Mallorca y durante un mes entero. Me costó tomar la decisión, porque no quería alejarme tanto tiempo de él —ella dramática, ni que me fuese a la mili—, pero al final acepté el trabajo. Entre un hombre y el dinero, elegid siempre el dinero. Nos íbamos a separar por primera vez después de haber pasado tres años prácticamente sin despegarnos. Durante ese mes tuve que pasar día y noche con unos compañeros de trabajo que odiaba. No me pusieron nada fácil mi llegada como nuevo responsable de equipo y literalmente me hacían la vida imposible. Quería matarlos a todas horas. Dos chonis de Cornellà y un maricón de Sant Adrià de Besòs. Típico perfil de persona que lleva ocho kilómetros de extensiones, unas pestañas como dos paipáis y el gloss siempre en la mano, pero no le preguntes cuánto hacen dos más dos porque se agobia. Vamos, una pretendienta de *Mujeres y Hombres*. Que yo no quiero juzgar a nadie, pero cuando el tema de conversación más profundo es si Ester Expósito se ha operado las tetas o no, pues yo igual me siento un poco fuera de lugar. Yo a esta gente la respeto, pero a cincuenta metros, dentro de una nave espacial, hacia la luna, sin oxígeno.

Pues imaginaos un mes rodeado de esta gente. Para pegarme un tiro. Justo por eso y porque amaba con locura a mi novio le eché muchísimo de menos; le extrañaba cada puto día y no dejaba de pensar en él.

¿Cómo estás, nene?

Bien, aunque la gente de mi trabajo es altamente asquerosa 🙁

Ni te imaginas lo mucho que te echo de menos

Y yo a ti, feo, te quiero mucho

Cuando nos veamos no te pienso soltar, cabrón

Jaja, ¡qué guapo eres! 😍

Cuando volví de Mallorca, vino a recogerme al puerto. Me sentía como la Pantoja cantando «Marinero de luces», saludando a la nada, porque allí con tanta palmera y tanta puta farola no había quien me viese, pero ahí estaba yo saludando con la melena al viento, ilusionado por volver a comerle la boca y abrazarle como si no hubiese un mañana. Por fin iba a volver a dormir con él, abrazarle por las noches y hacer todo aquello que tanto había extrañado. Le traía una ensaimada de regalo, y ¿sabéis qué me regaló él? Un billete de ida, pero a la mierda.

Efectivamente, como lo estáis leyendo.

Me dejó.

A tomar por culo el amor. A tomar por culo los pasteles. Y A TOMAR POR CULO TODO. Tres años de amor a la puta basura. ¿Me estás diciendo que he cargado con una puta ensaimada y una sobrasada, vigilando que no chorrease el aceite, desde Mallorca hasta Barcelona, para que tú ahora me dejes? Pues sí. Así fue. Literalmente. ¿Los motivos? Decía que se había dado cuenta de que me veía como un amigo. AAAH, vaya. Ahora resulta que ha tardado tres años en darse cuenta de que somos amigos. Cuando me la metía por el culo, no decía lo mismo, ¿eh? O sea, váyase usted a la mierda, pedazo de cerda. Ojalá te pille una avalancha de mierda cuesta arriba y con la boca bien abierta. Paso un mes fuera, un mes en el que me envías mensajes diciéndome «Te quiero» y lo mucho que me echas de menos y, cuando llego, me dices que somos solo amigos. Pues nada, pasamos por el McAuto y nos vamos al parque a echar una partida al remigio, amigo mío. Pero ¿tú eres imbécil o te han parido a pedos? Os juro que no entendía nada, no llegaba a comprender cómo hacía una semana me decía lo mucho que me quería y ahora me dejaba... Esto me lo dijo la misma noche en que llegué de Mallorca, cuando estábamos en su casa. A las tres de la mañana, tras una discusión porque no entendía qué le había pasado en la cabeza para dejarme de golpe, cogí el maletón de ropa que traía de Mallorca y me fui a la estación de tren. Me pidió que me quedase; no quería que pasase la noche en la estación. «Por favor, Malbert, quédate; no quiero que esto termine mal. Duerme aquí y mañana decides con calma qué hacer». Y UNA MIERDA. Y encima me llevé la ensaimada (algo tenía que desayunar al día siguiente). Mi dignidad de despechada y yo nos fuimos a la estación de madrugada a esperar hasta las seis de la mañana para coger el primer tren. Todavía puedo ver la imagen como si fuese ayer, como aquella madrugada me fui de su casa mientras lloraba sin parar por las calles silenciosas, donde solo se escuchaban mis sollozos y las ruedas de la maleta. En aquellas calles todo me recordaba a él. Aunque, si lo analizo ahora, no es que veamos algo y nos recuerde a alguien, es que, si llevas a alguien dentro, lo ves en todas partes. En cada calle que cruzaba, me venían aún más recuerdos de momentos que habíamos pasado en tantísimos sitios de su pueblo, y no podía contener las lágrimas. Don Omar estaría decepcionado, porque lloré por un hombre que no valía un centavo. Pero es que fueron tres putos años, teníamos ya una estabilidad, una unión... Y yo le quería mucho. Joder, que fui con él a rescatar de la trastienda de un Starbucks al que actualmente era su gato, y ya no lo iba a volver a ver. Me senté en el andén y seguí llorando a moco tendido a la vez que me comía la ensaimada untada en sobrasada. (No lo recomiendo: diarreas).

Chupi... que me ha dejado... no me
lo creo aún 😢

Sandra
¿Cómoooooo? Estás bien?

Silvia
pero por qué??

Dice que me ve como un amigo

Sandra
después de 3 años? en serio?

Silvia
Te ha puesto los cuernos fijo

Silvia, no ayudas

Cora
Hay que matarlo

Silvia
Malbert, no te rayes

Muchas gracias, Silvii, ya no estoy rayado 😊 #Psicóloga

Silvia
Pues nada, fóllate a su ex, como haces siempre

Maite
Buenos días!! 😴😴 Uf, cuántos mensajes!! ¿Alguien hace resumen, *plisss*?

A mi favor debo decir que al final no me acosté con su ex. Fue porque ignoró mis mensajes, pero no lo hice.

Al no haberme dado ninguna explicación convincente y coherente, yo no era capaz de asimilar la situación. En menos de veinticuatro horas había pasado de tener una relación totalmente plena y sana de tres años con un chico que decía que me amaba a no tener NADA.

Sentía como si me hubiesen arrancado una parte de mí. Me sentía vacío. En aquel entonces, parecía que nada tenía sentido sin él. Recordaba todo lo que habíamos vivido y ponía en duda si de verdad me había querido. No abandonas a alguien a quien quieres y respetas después de tres años con un simple «Te veo como un amigo». Me sentía como una pelota con la que él había estado jugando durante tres años hasta que se cansó y dejó de usarla. Y yo no soy un puto juguete. Mis sentimientos parecían importarle cero. En ese momento no veía un futuro sin él. ¿Y cómo olvidar a alguien con quien olvidabas todo?

Cuando amas a alguien de verdad, lo respetas antes, durante y después. Y yo no me sentía respetado. Nuestra historia no merecía ese final. Estaba destrozado y hasta los cojones de todo: del amor, de los novios... ¡¡¡Y DE LA VIDAAA!!! No sé, al final me voy a enamorar de los mosquitos, a ver si así también se van.

Cuando hubieron pasado unas semanas recibí un mensaje de WhatsApp en el que, por fin, pude ver de verdad al chico del que me había enamorado: una persona sincera y honesta. Quizás le habían faltado unos días de reflexión para poder darme una explicación, o quizás mis gritos y mis contestaciones exageradamente dramáticas no le permitieron expresarse con plenitud. Gracias a ese mensaje, entendí qué había pasado y pude poner punto y final a esta historia:

No sé cómo explicarte todo lo que siento y pasa por mi mente. Reina la confusión en mí... Te prometo que no eres tú, soy yo. Eres jodidamente especial para mí, la persona que más he querido. Pero ahora estoy mal y triste por no quererte como he de hacerlo, como te mereces que lo haga. Sé que soy injusto, incluso impulsivo, pero no quiero hacerlo mal ni hacerte daño. Solo quiero ser consecuente con mi cabeza. Me gusta estar contigo, aunque me entran dudas cuando pienso en el futuro. No sé si esto le pasa a todo el mundo cuando lleva cierto tiempo; lo que sí sé es que esta sensación no me gusta. Cuando me miras, siento que lo haces como el primer día, pero yo ya no siento esa magia. Te veo como alguien fundamental en mi vida, como el confidente de mis secretos y de mis travesuras... Siento que mi amor hacia ti ha evolucionado a un amor más platónico y atemporal como es la amistad. No puedo imaginar qué piensas, qué sientes ni cómo estarás gestionando todo esto (pues ni yo mismo me entiendo), pero no quiero que me odies ni que me guardes rencor... Pese a que tienes todo el derecho a estar enfadado. Espero que, con el tiempo, puedas verme de la misma manera que yo a ti. Eres más que la persona con la que me he besado durante tres años, eres lo más parecido a un hermano y a un mejor amigo que he tenido nunca, y me encanta hacer cosas contigo (aunque sean tan simples como un pastel), pues hemos conseguido que haya una compenetración absoluta entre tú y yo. Una sinergia que no he logrado alcanzar con muchas personas.

Me has hecho mucho bien, y más en el momento que apareciste en mi vida. Me has ayudado mucho, ni te lo imaginas, y he aprendido tanto de ti... que no quiero que algo tan especial se difumine en los recuerdos. Sé que te estoy pidiendo mucho y que necesitas procesarlo; solo espero que compartas mi idea en un futuro.

Siento hacerte daño, siento no ser quien creías que era, siento haber perdido el hilo rojo que me unía a ti. Y espero que algún día puedas pensar en mí y sonreír porque fuiste feliz conmigo. Y que podamos volver a serlo de una manera nueva y diferente, pero con nuestros destinos entrelazados, porque deseo que así sea.

Qué necesaria y demoledora puede llegar a ser la sinceridad.

No sé si leerás esto, pero ahora puedo pensar en ti, y sonrío. Sonrío porque fui feliz —fuimos felices—, y siempre serás de lo mejor que me ha pasado. De todo lo malo se aprende, aunque solo sea a no comprar ensaimadas a quien no se lo merece. Ver tus ojos tristes mientras me decías «Esto ha terminado» fue como un puñal que a veces todavía me duele, pero no de la misma forma. No quería que te quedases, quería que te quisieras quedar. Quizás el tiempo no cura nada, pero, al menos, lo explicó todo. Comprendí que nadie duele para siempre y que, a veces, las cosas se terminan y no por ello hay que buscar un motivo. Se terminan y fin. Dejar ir también es una forma de amar. Un mes, un año o tres días, da igual lo que haya durado, lo más importante es que puedas mirar atrás y te sientas orgulloso de todo lo que hiciste. Que puedas decir: «Lo repetiría». Y yo a ti te repetiría mil veces.

Dejar ir también es una forma de amar.

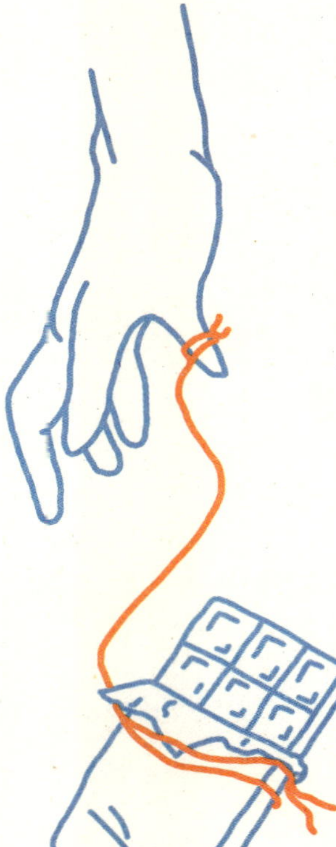

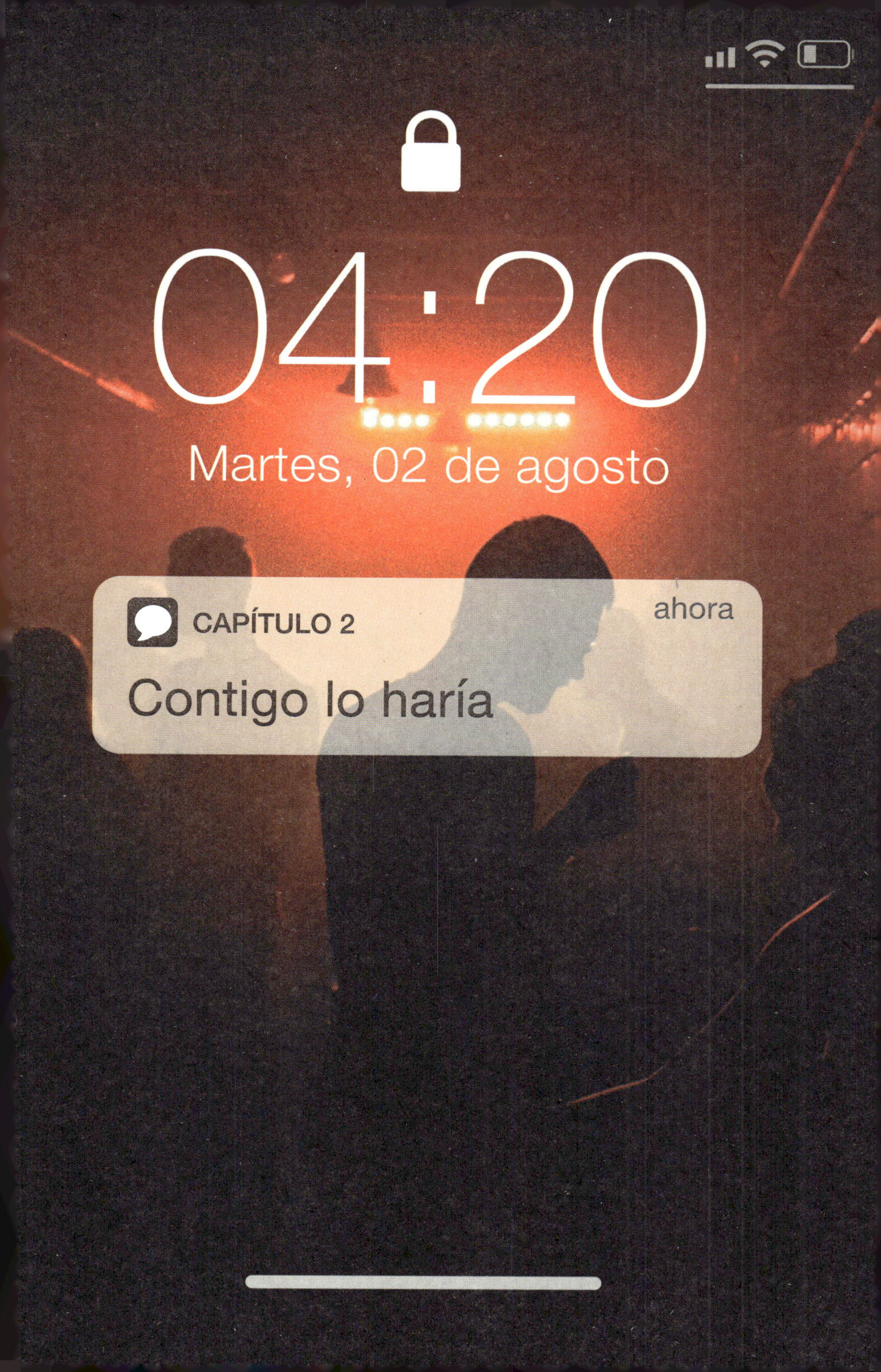
04:20
Martes, 02 de agosto
CAPÍTULO 2
ahora
Contigo lo haría

La gente es imbécil. Igual esa podría ser la conclusión de este libro, pero entonces me quedaría un poco corto y mis ex merecen que los insulte de una forma más extensa. Con cariño, ¿eh? Con el cariño de mis cojones.

Durante una época bastante larga, tener citas era para mí lo que la vergüenza ajena es para Pelayo Díaz: una rutina diaria.

Recuerdo una de las citas más surrealistas de mi vida en la que, si no maté a nadie, fue de milagro. No quiero dar nombres, pero espero que David se dé por aludido.

Resulta que yo seguía a un chico en Instagram porque me encantaba su contenido (el contenido: sus abdominales). Porque, además, era el típico tío que subía fotos en las que salía GUAPÍSIMO —con unos ojazos, sin ojeras, labios carnosos, un cutis sin una sola imperfección, mandíbula marcada, un tupé perfecto— y ponía: «Recién levantado; ignorad mi cara, que estoy feísimo» para que todo el mundo le dijese lo guapo que era. Mira..., cállese, enano mental. A veces pienso que la belleza va en función de lo subnormal que eres. Porque como yo comparta mi cara de recién levantado por la mañana y tú me veas, te prometo que no vas a saber si soy Chelo García Cortés o Zac Efron después de las drogas, aunque bueno, ahí tampoco hay mucha diferencia. En definitiva, a mí ese chico me encantaba, aunque fuese un completo subnormal. Era como un Mon Chéri: precioso por fuera y asqueroso por dentro. Parece ser que fijarme en los tíos más gilipollas is my passion. Tenía una especie de crush con él; era guapísimo y nunca me atrevía a hablarle, aunque también me siguiese en Instagram. Siempre nos dábamos like, pero ninguno daba nunca el paso. También te digo: si te gusto, dímelo; no sé pillar las indirectas. A mí me dicen «Quiero follarte» y aun así pienso: «¿Qué estará queriendo decir con eso?». Pues un día, aburrido en casa, cuando mi mayor inquietud era mirar mis lorzas y preguntarme: «¿Estaré comiendo mucho? ¿O cagando muy poco? ¿Qué será?», recibí una notificación. Era él:

INSTAGRAM

[Respondió tu historia]: **¿Por qué, con lo bonito que eres, no subes más fotos tuyas?**

AAAAAAAAAAAAAAAAAAAH, ENAMORADAAA, ¡¡¡E-NA-MO-RA-DA!!! ¡¡¡QUE ME CASOOOOOOOO!!! Ay, Dios, os juro que se me iba a salir el corazón por la boca. Era el amor de mi vida y yo ya sentía cosas. «Bonito», me había llamado «bonito» A MÍ. Era obvio que no podía contestarle superrápido para que no pensase que estaba desesperado. Así que le tocó esperarse DOS MINUTAZOS. ¡Qué maligna soy cuando quiero, mua, ja, ja, ja! Él me volvió a contestar a las cinco horas. Bueno, así es la vida. Estuvimos hablando como tres días. Tenía buenos temas de conversación, mentalmente parecía estable y tenía aspiraciones en la vida. Solo le faltaba decir que Digimon era mejor que Pokémon para terminar de ser perfecto y ya podíamos organizar la boda. Sentía que ahí había amor, algo como..., no sé, algo más. Era diciembre y me preguntó si quería que fuésemos a ver las luces de Navidad juntos. Aquella iba a ser nuestra primera cita. Evidentemente, le dije que no. ¿Qué mierda de plan es ese? No entiendo a la gente que sale a ver las luces de Navidad. ¿Qué son? ¿POLILLAS? Le dije que, como mucho, me invitase a cenar si quería y que ya vería las luces que le pillasen de camino al restaurante. Si no hay comida de por medio, a mí ningún plan me motiva. La comida es felicidad: no conozco a nadie con un abdomen perfecto que sea feliz. Patry Jordán sonríe, pero no es feliz. Los robots no tienen sentimientos. Ahora tenía que decidir el outfit perfecto para la cita, así que abrí mi armario para tomar la difícil decisión de elegir una de mis veinte camisetas negras y ver de qué forma podía combinarla con alguno de mis siete pantalones negros.

Siempre he dicho que mi armario refleja mi futuro: caótico y muy oscuro. Me puse colonia hasta en los tobillos, tanta que se me olía llegar desde Badajoz. Como encendiesen un cigarro cerca de mí, corría el riesgo de arder en llamas. Cogí un par de condones y, como dicen los veganos, «GO VEGAN» (vamos, venga) que me fui para la cita.

Me invitó a cenar a un bufet libre (obvio) de sushi en Barcelona, aunque yo en las citas no suelo comer mucho por si luego hay una compenetración más profunda, para que las tuberías no se encuentren atascadas. No pongáis cara de asco, que he tratado de ser lo más fino posible, ¿eh? Podría haber dicho perfectamente que no me gusta regalar Mikados. En definitiva, la cena transcurrió con normalidad: un chico simpático y agradable y un restaurante monísimo con esas típicas cintas giratorias repletas de platos deliciosos.

Hacía unos meses que había estampado mi coche en un accidente que casi me quita la vida, por lo que me desplazaba en bus a todos lados. El último bus para volver a casa era a las once y media de la noche. Tras una cita aparentemente perfecta, decidí desencadenar un malvado plan de camino a la estación que me llevaría directo al fracaso, por puta. Recordé que me había dado a entender que vivía solo, así que, como el chico me gustaba y yo no soy una persona de autoinvitarse a casas ajenas, decidí lanzarme al suelo. Literalmente. No tuve suficiente con el postre que decidí comerme la acera también. Coloqué el pie estratégicamente en el bordillo para así fingir un pequeño tropiezo que truncaría mis andares hacia el bus.

«¡Dios, qué dolor! Creo que me he doblado el tobillo. ¡Me duele, me duele! Creo que no me puedo levantar». Ella actriz 360, con dos cojones. Mientras me levantaba, me preguntó si estaba bien. Yo hice un par de respiraciones profundas para recolocarme, y, cuando vi la hora que era y que ya no llegaba al bus, me recuperé y seguimos andando apresurados para tratar de llegar a tiempo. «Date prisa que creo que llegamos» me decía. Ja, ja, ja, pequeño iluso... No sabía que la mente de la Potra está en 2050 por lo menos. A todo esto, yo corriendo medio cojo (el personaje hay que interiorizarlo hasta el final) y cuando llegamos... «¡Vayaaa! Qué pena, perdí el bus. Esto ya es mala suerte». Obviamente, él, muy caballeroso, me dijo:

—Quédate a dormir en mi piso.

—Ostras... No, que me sabe fatal. Ya despierto a alguna amiga mía que esté durmiendo plácidamente. Espero no molestarla mucho...

—¡Qué va! Quédate en mi piso y no molestes a nadie.

—Ah bueno, pues vale, me parece buena idea.

Todo estaba saliendo según lo previsto. «Hoy follo», pensaba. Se me quitó la cojera de golpe. Porque a mí se me llena la boca diciendo siempre: «No, no, no, yo en un primera cita nunca follo, ¡por favor! ¿Follar? ¿En una primera cita? JAMÁS», pero oye, luego el ojete bien depilado por si acaso, ¿eh?, ja, ja, ja, ja, ja.

Cuando llegamos, era el típico piso barcelonés monísimo de techos altos y ascensor antiguo. Pero cuando le hice LA PREGUNTA, todo se volvió algo turbio: «Pero... Tú vives solo, ¿verdad?», a lo que me respondió:

—Bueno, más o menos.

—A ver, o vives solo o no.

—¡No gritesss! —susurró.

—¿Pero con quién vivesss? —le devolví el susurro.

—Con mi ex.

...

Entonces me contó que lo habían dejado hacía poco tiempo, pero que aún no se había mudado. ¿Lo peor de todo? En la habitación de al lado estaba el ex bebiendo vino. Decidí ignorar el pequeño detalle que me había ocultado este amable desgraciado y pensé que quizás habían quedado como amigos y tan tranquilos. ¡Anda, qué risa, so fea!

Empezamos a liarnos en su cama, todo muy romanticote. Tan romántico que, en mi cabeza, no dejaba de imaginarme al ex pegando la oreja a la pared de al lado con una copa de vino en la mano y en la otra un cuchillo jamonero.

De golpe, entre morreo y morreo, empezamos a escuchar una música muy alta. Eran ya las doce de la noche pasadas. Lo recordaré toda la vida: el maricón de su ex puso a todo volumen «Mi mundo sin ti» de Soraya. Claro, ya me ves a mí tratando de ser romántico con un ex en la habitación de al lado cantando a full gas: «¡¡¡pOoooOoRR mí tE puEdEs iiiir al cuUuerNooOoO!!!». Imaginaos mi cara. Le pregunté si podía decirle algo y su contestación fue: «Déjalo, no te lo tomes como una indirecta, le gusta mucho Soraya». Y yo pensando: «¿Tú me has visto cara de gilipollas?». Pues confirmo que sí lo fui. Porque decidí seguir con la que supuestamente iba a ser una noche de lujuria y pasión desenfrenada. Y tanto que lo fue: sin frenos y cuesta abajo. Ignoré al imbécil de su ex tratando de joder la maravillosa noche que yo mismo me había labrado fingiendo una caída. Tampoco podía hacer gran cosa; me encontraba en una situación algo comprometida, pero el puterío siempre gana, así que pensé: «A tomar por culo la música de tu ex, tú pon "Tusa", tu sabroso pito en mi boca». Pero sonó el timbre y el ex repulsivo apagó la música de golpe. Fuimos a abrir: era el vecino. Obviamente se quejó por la música tan alta a esas horas, y con toda la razón del mundo. Ya me dirás tú qué necesidad tenían de escuchar la discografía entera de Soraya. Le dijimos que lo sentíamos mucho y que no iba a volver a suceder. Volvimos a la habitación; parecía que el ex no iba a dar más por culo. ¡Aleluya! Ya en ropa interior —revolcón pa arriba, revolcón pa abajo—, empezamos a oler una peste tremenda. El hijo de puta se había puesto a hervir coliflor sin extractor y la cocina quedaba justo al otro lado de nuestra habitación. Me cago yo en su puta madre, su puta estampa y la madre que parió a todos los maricones de España juntos. Os juro que aquello era de película, parecía un capítulo de *Aquí no hay quien viva*. Cansado y hasta los cojones, fui claro y directo:

—¿Tú alguna vez te has planteado que podrías ser perfecto para hacer el papel del Joker?

—No, ¿por qué?

—Porque eres un puto payaso. Ve a hablar con tu ex YA.

Pilló la indirecta y al fin fue a hablar con él, pero de nada sirvió, porque la casa ya tenía un pestazo que tiraba pa'trás. Fui claro y sincero:

—Vámonos a dormir, porque mi ojete no se dilata oliendo a coliflor hervida, lo siento.

Acurrucados en la cama, empecé a relajarme y me dijo:

—No te asustes si por la noche hago algún ruido extraño con la boca, a veces me pasa.

Me cago en su puta madre. A ver si resulta que me estoy acostando con Anne Germain y se va a poner a hablar con los espíritus. Pensé que sería como el típico compañero que, cuando nos íbamos de campamento en el colegio para llamar la atención, decía: «Yo a veces hablo por las noches, ¿eh?». Resulta que cuando ya estaba pillando el sueño —el ex por fin se había cansado de dar por culo— y mis párpados se iban medio cerrando, de golpe empiezo escuchar como una sierra. SU PUTA MADRE, que el maricón este tenía bruxismo. Lo tenía contado: cada tres minutos, la motosierra arrancaba: rrrrrrrras, rrrrrrrrras. Dios, qué asco de ruido, y encima el tío no llevaba ningún tipo de retenedores. ¡Por favor! Ponte algo ahí en la boca, joder, un aparato de esos o un calcetín de invierno. Yo qué sé, pero déjame en paz. El ruido daba tiricia al nivel de una tiza en la pizarra. Os juro que, si me diesen a elegir entre ese ruido y ver *El Hormiguero*... Bueno, prefiero el ruido, no os voy a mentir. Pero vamos, que era insoportable.

No pegué ojo en toda la noche. A la mañana siguiente, me preguntó: «¿Qué tal has dormido?».

Mi contestación: «Mi bus sale en veinte minutos».

Ahora sí que sabía el horario de mi bus a la perfección y llegué bien puntual a la paradita sin tropiezos de camino. Veeenga y a cascarla, colega. ¿A mí me vas a hacer perder el tiempo? ¿A MÍÍÍ? A mí ni me vuelvas a escribir ni me vuelvas a mirar. Y qué manía más tonta le pillé a Soraya, sin tener ella la culpa de nada. Pero ahora cada vez que la escucho me viene a la cabeza todo ese show y no precisamente lo que debería venirme a la cabeza cuando la escucho: el gran concierto que hizo en La Casa de las Carcasas, en Murcia, aglomerando gente en las calles en medio de una pandemia mundial. Un conciertazo organizado por la Organización Mundial de la Salud, por lo menos. Fernando Simón en primera fila, ja, ja, ja.

Lo bloqueé y los mandé a tomar por culo, tanto a él como a su ex, el fan desequilibrado de Soraya. O sea, aquella noche fue un cuadro. No podía estar más de mala hostia: fingí una puta caída en un bordillo para volver a casa con peste a coliflor, sin haber follado, sin dormir y con dolor de cabeza por culpa de Soraya y el raca-raca de los dientes. Para evitar que os pase algo parecido, me veo obligado a daros unos tips:

CÓMO DETECTAR UNA MALA CITA

1. «YO, YO, YO»

Una vez conté más de cuarenta «yoes» en una cita. «Yo soy», «Yo hago», «Yo digo», «Yo vivo», «Yo fui». No sabía si estaba en una cita o viendo un casting de *Gran Hermano*. Mira, tanto yoyoyoyo y se te ha olvidado el más importante: «YO SOY IMBÉCIL». ¡¡¡Dilo alto, Diego!!! ERES IMBÉCIL. No soporto a las personas egocéntricas que se creen el ombligo del mundo. El universo no gira en torno a ti a no ser que te llames Miguel Ángel Silvestre, entonces sí. Te amo, bb.

2. LA EX

Como mencione a su ex más de tres veces, huye: vas a ser su próximo parche. Qué manía con usar a las personas como parches sentimentales. Si quieres, úsame como un agujero, pero no como un parche. Si quiere olvidar a alguien, que haga como hacemos las personas sanas y coherentes: mezclar cada noche tres botellas de vino con dos blísters de orfidales.

3. SUS AFICIONES

Si tiene más de treinta años y colecciona Funko Pops, déjalo inmediatamente. Esa persona no está estable mentalmente. Créeme, te estoy haciendo un favor porque, cuando tengáis hijos, esa persona va a querer llamarlos Nala, Stitch y Daisy. Luego vamos en contra del acoso escolar, pero hay padres que tampoco ayudan, ¿eh? Pero, por otra parte, si su afición es pasar los domingos en el campo de golf, no huyas. No sin antes robarle la cartera.

4. LA ROPA

«No hay que ser superficial». MIS COJONES. El aspecto que proyectamos, ya sea con el pelo, la ropa o el maquillaje, dice cosas de nosotros. A mi entender, es una expresión más de nuestra personalidad. Y yo lo siento mucho, pero a una cita no te me presentes con un traje de pinza, porque mi intención no es acostarme con un vendedor de seguros de Leganés.

5. GUSTOS MUSICALES

Si te dice que el último concierto al que fue es al de Omar Montes, no huyas; quédate, pero para aplaudirle... con una silla y en la cara. No vale tener orejas solo para sujetarte las gafas. Tener como referente musical a Omar Montes debería ser inconstitucional. Que no digo yo que el reggaetón no me guste, porque me encanta. Es más, detesto con todas mis fuerzas la gente que se cree superior por no escuchar reggaetón: «Ay... ¿En serio escuchas eso? No sé... Es que ese tipo de música no aporta nada». Okay, ponte a bailar Mozart. BAILA MOZART. O la «Quinta sinfonía» de Beethoven, hazlo. ¡A la mierda, cerda!

6. EL POSTRE

Esto es una regla determinante e IMPORTANTÍSIMA para saber si esa persona es para ti o no. Comparte lo que te dé la gana: ropa, zapatos, colonia, gonorrea... Pero el postre JAMÁS. Te pides un coulant y acto seguido: «Ay, ¿me das un poco?». ¡PUES NO, HIJO DE PUTA! Perdón, igual me pongo algo agresivo, pero es que con la comida no se juega. Hay que poner unos límites: mi postre es MI postre y tu postre es tuyo, y si tiene buena pinta yo puedo probarlo.

No creáis que mis fracasos se han tratado de casos puntuales y aislados, ojalá. Mi vida sentimental ha sido desgracia tras desgracia. Pero como diría Luis Fonsi: «Yo no me doy por vencido». Sí es cierto que, cuando te das cuenta de lo que vales, es difícil encontrar a la persona adecuada. Porque cuando eres un diez, necesitas otro diez a tu lado. Quizás ese era uno de los motivos por los que no conseguía ligar con éxito (que lo puedo llegar a entender, muchos me ven inalcanzable). Es comprensible. Una jamelga exuberante de belleza exótica siempre impone. Yo mucho decir: «Pfff, soy una desgraciada, qué asco el amor, los tíos no valen para nada», pero luego soy la primera que, si un sábado noche no tiene a nadie con quien zorrear, se siente triste y vacía.

En mi época de apogeo erótico-festivo, uno de esos encuentros no terminó como yo esperaba. Es que os vais a mear con esto. Os juro que estas historias parecen sacadas de cualquier serie vomitiva y con cero talento —*Élite*, por ejemplo—, pero no, son 100 % reales, xoxo. Esto no es como mi curriculum vitae, que está patrocinado por el National Inventographic, ja, ja, ja. Harto de tener citas que no llegaban a ningún sitio, decidí abandonar el romanticismo. En aquella época tendría unos veintidós años y vivía con mis padres. Ellos trabajaban por la mañana y yo estaba solo en casa muchas veces. Aquella mañana, me escribió un chico a través de una app para encuentros así como... un poco... para follar, vaya.

Hola, guapo

Hola

¿Qué tal?

Bien, y tú?

Bien, un poco cachondo, ¿tienes sitio?

Pues sí

¿Te apetece ahora?

Sí, ¿tú tienes alguna foto?

Ahora te mando, estoy de paso, vengo del dentista y tengo la boca un poco dormida, pero no es problema. Manda ubicación y voy

No le conocía de nada ni sabía su nombre, pero oye, falta tampoco me hacía. Tan solo sabía dos cosas de él: en la foto que me mandó era guapo, y la anestesia no frena el puterío. Tampoco necesito su DNI para verle un rato la espalda. Terminé invitándolo a casa, chica, aunque fuesen las once de la mañana. La vida son dos días y aquí una tiene sus necesidades de putón. Cuando abrí la puerta y apareció... Bueno, a ver, cómo lo cuento sin quedar de superficial. La belleza es subjetiva, obvio, pero lo que no puede ser es que yo vea a George Clooney en una foto y en persona aparezca Jordi Hurtado. Estamos mintiendo al consumidor y eso es publicidad engañosa. Pero me lo follé. A ver, tampoco estoy yo para ponerme exquisito. Al principio pensé: «Uy, sí que saliva el muchacho, tenía hambre», pero luego recordé lo del dentista y lo entendí. La cosa fue bien: terminamos, adiós muy buenas y, si te he visto, ni me acuerdo. Se fue, cerré la puerta y me preparé un bocadillo. Habían pasado cuatro o cinco minutos desde que el «boca anestesiá» se había ido. Abrí la puerta para ir a buscar el pan al congelador que teníamos en la entrada, junto a la escalera, y escuché un ruido extraño en el portal. Asomé la cabeza por la escalera y vi como alguien cerraba la puerta. Vivía en un segundo y el «boca anestesiá» no podía haber tardado tanto en bajar dos pisos. Nuestros únicos vecinos eran unos abuelos que nunca salían, por lo que las posibilidades de que fuesen ellos eran prácticamente nulas. Fui corriendo hacia el lavabo para sacar la cabeza por la ventana que daba a la calle del portal cual vecina cotilla, y vi que, efectivamente, era el *anestesiao*, que se metió en su coche y se fue. Bajé corriendo al portal, pensando que algo había hecho. No me cuadraba que hubiese tardado tanto, y menos después de haber escuchado ese ruido raro. Revisé todo: el garaje, la escalera y una pequeña despensa que teníamos al lado de la puerta. Todo estaba en su sitio. Paranoias mías pues.

El mismo día por la tarde, llegó mi padre de trabajar.

—Hola, Malbert, ¿qué tal el día?

—Bien, cansado, como siempre.

—Oye, una cosa, ¿tú has visto un pack de veintiocho cervezas y dos botes de lejía que había en la despensa del portal?

—... —Tragué saliva—. Eh, no. ¿Por qué?

—Porque han desaparecido, creo que han entrado a robar.

¡¡¡ME CAGO EN EL MIERDA BOCA ANESTESIÁÁÁ, QUE ME HABÍA ROBADO LAS CERVEZASSS!!! Pero escúchame, que yo no sabía que mis coitos iban con consumición incluida. Me cago en sus muertos, que el maricón se llevó veintiocho cervezas ¡Y LEJÍA! ¿O sea, estamos locos o desequilibrados? ¡Serás rastrero! Me llego a descuidar un poco más y el maricón hace la compra de la semana en mi casa. Cuando fui a buscar su conversación de chat, había desaparecido: me había bloqueado. Sus muertos x2. ¿Ahora cómo le cuento yo a mi padre que nadie nos ha robado y que ha sido un maricón que me he follado y se ha llevado media despensa? ¿Cómo le explico que no hace falta que llame al cerrajero para cambiar la cerradura de casa? Pues de ninguna forma. Callada como una mala cerda que soy y con llaves nuevas toda la familia, y todo como siempre: por culpa de mi puterío. Pero ESTO NO PODÍA QUEDARSE ASÍ. Tú no me robas lejía y unas cervezas y te vas de rositas a desinfectar tu casa a mi costa.

No sabía absolutamente nada de él, ni cómo se llamaba ni dónde vivía. Tan solo sabía que era muy cervecero y muy higiénico, pero iba a dar con él SÍ o SÍ. Como me bloqueó tras salir de mi casa cargado con medio Mercadona, me vi obligado a hacerme una cuenta falsa —una práctica muy extraña en mí— para buscar su usuario. ¡BINGO! Lo encontré. Ahora también sabía que era demasiado imbécil, porque chico, ya que cometes un delito de hurto, bórrate la cuenta, cámbiate la foto de perfil y el nombre de usuario, aunque sea «Mamón de paso», pero disimula.

Holaaa :)

Hola, ¿qué tal?

Muy bien, ¿y tú?

Bien también :D

¿Tienes alguna foto?

Sí, soy el chico al que le has robado unas cervezas y dos botes de lejía

Creo que te estás confundiendo

Quiero que sepas que te tengo grabado y sé quién eres. Las cámaras de mi portal te han grabado, tanto a ti como la matrícula de tu coche. Mañana voy a poner una denuncia por hurto. La próxima vez te lo vas a pensar dos veces, maricón anestesiao

No sé de qué me estás hablando, pero si quieres denunciar a alguien por unas cervezas, me parece bastante ridículo

Y DOS BOTES DE LEJÍAAA!!! Así que prepara el bolsillo, que lo vas a pagar. Chocaste con el muro de Berlín, tú a mí no me conoces!!!

No puedes enviar mensajes porque «Mamón de paso» te ha bloqueado

Todo mentira. Aparte de puta, también soy mentirosa. ¿Qué coño iba yo a tener cámaras en mi portal? Ni que fuese José Luis Moreno. En mi calle la única cámara de vigilancia que había era mi vecina la Ana; esa mujer te podía hacer un listado completo de las personas que entraban y salían de todos los portales a lo largo del día. Pero es que no me salía de los cojones que el anestesiado se fuese tan tranquilo y encima borracho a mi costa. No lo iba a consentir. Al menos, después de recibir ese susto, espero que se lo piense dos veces antes de hacerlo otra vez.

Fíjate que con estos dos que os acabo de contar lo único que se me quedó clavado fueron las ganas de querer meterles un buen puñetazo en toda la boca. ¡Plasca! Pero hubo un chico con quien realmente sí me quedó la espinita por lo que pudo ser y nunca fue.

Harto de los hombres, pero no de la verga.

A raíz de la ruptura con mi ex de tres años, estuve varios veranos trabajando en Mallorca. Les gustó cómo trabajaba (obvio, mi trabajo consistía en mandar), así que me volvieron a llamar para hacer la temporada allí un año más. Se trataba de un festival donde se reunían diferentes alumnos de bachillerato recién graduados para celebrar su viaje de fin de curso. Mi trabajo consistía en organizar las fiestas que se realizaban cada noche en la discoteca según la temática que tocase. Por allí pasaban cientos de alumnos más salidos que el pico de una plancha. Imaginaos: borrachos, celebrando el fin de Selectividad y en Mallorca. LOCURA MÁXIMA. Cada día llegaban grupos diferentes de toda España, pasaban allí cuatro días y se iban. Y así sucesivamente durante todo el mes que duraba mi contrato.

Cada noche, andaba p'arriba y p'abajo por la discoteca vigilando que todo saliese según lo previsto. En aquel entonces yo aún no era muy conocido, así que podía pulular con tranquilidad. Era muy responsable y más en mi puesto de trabajo. Sé lo difícil que es conseguir un curro en el que te sientas a gusto, y desde que tengo la mayoría de edad, no he estado ni un mes en el paro, literalmente.

Nuestro festival se encargaba de organizar los autobuses que acercaban a los alumnos a la discoteca todas las noches y, en una de ellas, me senté en los primeros asientos. Los trabajadores subíamos siempre antes que nadie y así analizábamos y cuchicheábamos sobre lo borrachos que estaban los alumnos nuevos que iban llegando al festival. Había cada notas... Mientras esperaba a que terminasen de subir todos, pasó algo de película: levanté la mirada del móvil y... le vi. Fijamos nuestras miradas. Parecía que el tiempo se había detenido cual escena típica en la que la vida pasa a cámara lenta y solo existen dos personas mirándose. Mientras él se dirigía hacia el final del bus, no dejaba de mirar hacia atrás para no perder mi mirada, y yo, como un bobo, pegado a sus ojos. Fue un flechazo. Era el típico perfil de repetidor de clase guapo. Tenía unos veinte años y era PRECIOSO: barba de dos días, ojos verdes, con una sonrisa perfecta, labios carnosos, una mandíbula marcada, un perfil de modelo, musculado, con su pendiente en una oreja, alto, apuesto... Por un momento, enloquecí con su mirada. Es alucinante como una mirada puede hacerte sentir tanto. De pronto encuentras unos ojos de los que no quieres irte jamás. Se había detenido el tiempo durante esos segundos que duró su entrada al bus. Puedo parecer muy fantasioso, pero es que realmente lo sentí así.

Obviamente, me quedé callado sin decirle nada. Tenía que ser responsable. Estaba ahí para trabajar y no para ligotear. Eso decía mi cabeza, pero mi puterío no opinaba lo mismo. El inicio de la noche transcurrió con normalidad, pero no podía quitarme su mirada de la cabeza. En una de mis vueltas por la discoteca, me encontré a sus amigas y les pregunté:

—Hola, chicas, ¿qué tal el viaje hasta Mallorca? ¿Cómo ha ido?

—Ufff, el barco se movía mucho, pero con lo borrachas que íbamos igual era el alcohol.

—Habéis venido con más amigos, ¿verdad?

—Sííí, están por allí.

—Es que un alumno de otro grupo me ha preguntado por vuestro amigo, ese de la camisa de flores. Que le daba vergüenza acercarse y preguntarle si estaba soltero. —Ella mentirosa sonsacando información a tres borrachas.

—¿El Raúl? Pero si es hetero, ja, ja, ja, ja. ¡Estuvo dos años con la Sandra! Dile al chaval que tenga suerte en la vida, ja, ja, ja, ja.

Y se fueron, así, sin más, destrozando mis sueños, mi corazón y el amor de mi vida. Me quedé con cara de póker. ¿Los heteros por qué existen? Es que es para reflexionar, ¿eh? Sinceramente, no me parece justo. YO VIVÍ AMOR. Esa mirada, esa conexión, YO LA SENTÍ, y estaba convencido de que él también. Esas cosas se notan, no hace falta hablarlas. Lo sabes y punto. Pues te comes una mierda, que era puto hetero. Otro amor truncado para mi lista. A lo largo de la noche, era incapaz de quitarme su mirada de mi cabeza. No podía ser que lo que había sentido fuera fruto de mi imaginación. Pero quién sabe, porque yo soy muy fantasioso y a la más mínima me hago ilusiones.

A mí no me pongas **«OK»**, porque pienso que significa: **«Oye, ¿Kieres un futuro conmigo?»**, y me emociono.

En uno de los descansos, sobre las tres de la mañana, estaba tomando agua con misterio mientras miraba el móvil. «Hola», escuché. Levanté la mirada: ¡¡¡ERA ÉL!!! ¡¡¡ERA ÉÉÉL JODEEERRR!!! ¡¡¡EL AMOR, EL AMOOOOOOOOORRR!!! ¡¡¡TE AMO, TE AMO, TE AMOOO!!! Controlé la emoción y, muy serio, le dije:

—Buenas.

—¿Sabes dónde están los baños?

Mira, chico, vete a la mierda. Ojalá te estés cagando y no haya papel. Yo aquí emocionado y ¿me preguntas por eso?

—Sí, los tienes todo recto, en la puerta de la izquierda. Justo al lado de la máquina de tabaco.

—Una cosa... Tú vives en XX, ¿verdad?

—Sí, ¿cómo lo sabes?

—Porque yo vivo en el pueblo de al lado.

—Ostras, pues no te había visto en la vida.

—Alguna vez he visto tus stories de Instagram y eres un crack, tu contenido mola mucho.

—Vaya, ja, ja, ja. Muchas gracias.

—Bueno, no te molesto más. Que vaya genial la noche y encantado.

Mira, YO ME QUERÍA MORIR. No sé si esta conversación fue fruto de la casualidad o de una conexión que creía que ambos habíamos sentido. Obviamente, me aferré a la segunda opción. #Fantasía. Oye, soñar es gratis, ¿no? Ay, pero que no, que no era un sueño, joder. Yo veía cómo me miraba al hablar, esa media sonrisilla. ¿Sabéis esa conexión que nadie ve y tan solo sienten las personas que están conectando? Pues yo sentía eso. No le conocía de nada, pero todo me daba absolutamente igual: solo me importaba luchar por ese amor.

Ya eran las cuatro de la mañana y seguía sin poder quitarme de la cabeza el verde de sus ojos. Me sentía como flotando en una nube y, a la vez, no entendía nada de lo que estaba pasando. Volví a cruzarme con él, nos miramos y me dijo: «INSTAGRAM», y siguió andando hasta perderse entre los alumnos que bailaban por la discoteca. ¿Instagram? ¿Qué ladras? Fui corriendo a abrir la app y los mensajes directos: hacía justo dos minutos que acababa de recibir uno. Era él. Juzgad vosotros mismos la conversación que desencadenó ese mensaje:

Que sepas que nunca me he liado con un tío, pero contigo lo haría, jajaja

Vaya... entonces ¿a qué esperamos? 😳

Cuando quieras, jajajajaj

¿Seguro?

Segurísimo, jajajaja

¿Cuándo te vas?

Mañana a las siete de la mañana sale mi barco, esta es mi última noche aquí

Pero da igual, vivimos cerca

Pero cuanto antes, mejor, jajaja

No dejes para mañana lo que puedas hacer hoy

¿A qué hora terminas de trabajar?

A las 5 de la mañana, pero en mi habitación están mis compañeros de trabajo. Imposible vernos allí

Quiero verte YA, ¿dónde estás?

Estoy trabajando, tío...
Y encima hoy en la discoteca están mis jefes vigilando al personal

Te espero en el baño, última puerta

¡¡¡AAAAAAAAAAAAAAH!!! ¿Me oís gritar? No puedo, no puedo, no puedo. Es que me pongo nervioso hasta de recordarlo. Sabía que lo que había vivido, la magia de nuestra conexión ERA REAL. ¡Lo sabía! Pero estaba trabajando, tenía un equipo a mi cargo y justo esa noche estaban mis jefes rondando por la discoteca vigilándonos y, obviamente, no podían verme con ningún chico en mi horario laboral. A todo esto se le sumaba que en el entorno y los amigos de ese chico no sabían que le gustaban los tíos... Pero... era su último día. A mí todavía me quedaban tres semanas en Mallorca, pero a él no lo volvería a ver... Con dos cojones: el amor siempre gana. Respiré hondo, me cambié la camiseta del trabajo, vigilé que nadie me viese y me dirigí hacia el lavabo sin pensarlo dos veces. Entré en el servicio y, por suerte, no había nadie. Tan solo pillé a uno que salía de vomitar, todo muy romántico. Vi que la última puerta estaba medio abierta, me metí dentro... y ahí estaba él. No puedo describiros de qué forma, sin hablarnos, nos fundimos en un beso tan pasional. Pocas veces en mi vida he sentido algo así. Empezamos a besarnos como si no hubiese un mañana, acariciándonos el pelo, agarrándonos fuerte contra la pared a la vez que pasábamos nuestros dedos por la cara, la espalda, el culo del otro. No podíamos dejar de besarnos. Había una conexión inexplicable: no le conocía de nada y parecía que llevásemos años saliendo. Beso tras beso, caricia tras caricia. No nos dejábamos hablar. Los besos empezaron a aumentar la pasión de ese encuentro furtivo. Metió la mano dentro de mi pantalón...

—Quiero hacerlo contigo.

—No voy a dejar que tu primera vez con un chico sea así y aquí. —Por no decir que mis jefes podrían aparecer en cualquier momento, coño, ja, ja, ja.

Nos volvimos a fundir en unos besos que nos dejaron sin aliento.

—Por favor, quiero hacerlo.

—No... No me lo pongas más difícil.

Cada vez queríamos más y más... Hasta que terminamos... Chica, yo no sé ser romántica, a tomar por culo todo: QUE NOS FOLLAMOS MUTUAMENTE como dos conejos.

Fue tan sumamente bonito... Quizás no fueron ni las circunstancias ni el momento perfectos, pero lo que yo sentí aquella noche lo guardaré para siempre. Sentí que había sido algo precioso y muy especial. Había química y tenía ganas de conocerle mejor. Después de haberme acostado con él, quería saber quién era.

Hola, Malbert, ya estoy en el barco de vuelta. No me gusta mucho hablar por Instagram. Así que, cuando vuelvas de Mallorca, si quieres quedamos y hablamos de lo que pasó. Estuvo muy bien y me encantó, no me arrepiento de nada. Un abrazo

Hola, Raúl.
No te preocupes, espero que todo esté bien. Te aviso cuando llegue.
Un abrazo

Hola, guapo :) ¿Cómo estás?
Ya estoy por el pueblo

Hola?

??

Visto

Nunca más volví a saber de él. Lo intenté un par de veces: leyó mis mensajes, pero jamás me contestó. De nuevo, me sentí como una mierda. No sé, el director que esté dirigiendo mi vida que se replantee un poco la profesión, joder. En realidad, aquello fue de las cosas más bonitas y fugaces que había vivido. De verdad creía que de ahí podía nacer algo más que una noche de pasión. Otra vez dándome de cara contra la realidad y volviendo a mi vida de persona desgraciada.

Que al fin y al cabo te acostumbras, aunque también te digo, no te queda otra. A medida que te van viniendo hostias por todos lados, como que dices: «Bueno, pues una más. ¿Siguiente?». Porque vamos, a mí cada septiembre me entran hasta ganas de poner en mi Instagram: «Se abren inscripciones para jugar con mis sentimientos, temporada 2021-22». Es que tanta mala suerte no es ni medio normal. A veces pienso: «¡Madre mía! ¿Qué he hecho yo para merecer esto?», pero luego reflexiono y digo: «Ah, vale, ya me acuerdo ja, ja, ja, ja».

Pasado el tiempo y mientras escribía este libro, he ido analizando en profundidad todos mis actos y me he dado cuenta de varias cosas: citas vacías sin conexión alguna, noches de placer fugaz, encuentros predestinados a ser olvidados y mucho subnormal. ¿Por qué hacía todo esto? ¿Por qué no me cansaba? ¿Por qué no dejaba de buscar y buscar al chico ideal? Ahora lo veo desde fuera y me doy cuenta de que perdía el tiempo constantemente tratando de satisfacer mis carencias emocionales. Me sentía vacío y solo, necesitaba tener a ese «alguien» a mi lado, fuese quien fuese. Me agarraba a cualquier palo ardiente sin importar que me fuera a quemar. Me entregaba por completo al primer chico que me hacía algo de caso, aunque ese afecto durase una noche. Apenas lo conocía de horas, ni nos habíamos mirado y ya me imaginaba un futuro con él. Pero ese momento en el que podía abrazar a alguien por la noche, ese momento en el que nos besábamos, nos acariciábamos, aunque fuese un completo desconocido, a mí me volvía a hacer sentir vivo e ilusionado. Sentirse querido por una noche quizás resultaba algo mejor que no sentirse querido ninguna noche. Pero, al fin y al cabo, todo aquello eran sentimientos efímeros y completamente vacíos. El sexo se volvió algo tan común y recurrente que lo excitante era que alguien me quisiese de verdad.

Todos me dicen: «Estás bien guarra», pero nadie me dice: «Guarra, ¿estás bien?».

Puede parecer una frase de humor y cachondeo sin ningún tipo de trasfondo, pero creo que define muy bien lo que sentía en aquel entonces. No os negaré que quizás me sentí utilizado o como un simple juguete. Quizás fui tonto por pensar que podía ir más allá. Soy una persona pasional que se ilusiona y lo da todo a la más mínima, aunque luego no sea correspondida. No me arrepiento de nada porque considero que, si das mucho, es porque ERES MUCHO. Nadie da lo que no tiene.

Si das mucho, es porque eres mucho. Nadie da lo que no tiene.

17:49
Domingo, 31 de enero
CAPÍTULO 3
ahora
Sé dónde vives

Ya lo decía el gran filósofo Aventura: «NooOooOo, no es AaamoooOoOr, lo que tú sieeEenteeEesss se llama obsesióóÓón». No sé si alguna vez os habéis enamorado hasta el punto de llegar a estar obsesionados con esa persona. Pierdes la cabeza, la salud y hasta la percepción de la realidad. Eres capaz de cometer cualquier tipo de locura con tal de saciar tu obsesión. Pues yo no, no me siento para nada identificado con esas palabras. Igual vosotros podéis pensar que sí, por el simple hecho de haber perseguido a mi ex en un cuarto oscuro con una linterna en la mano mientras gritaba «HIJO DE PUTAAA», o por haberme hecho cuentas falsas para tirarle la caña a mi novio y saber si me era fiel o no. ¡Bobadas! Obsesión ninguna, eso es... pues... Bueno, ahora no es el momento de hacerme un psicoanálisis, porque como me detenga a observar todo lo que pasa por mi cabecita, igual me voy al Tíbet y no de retiro espiritual, sino a tirarme de la montaña más alta.

Ha habido muy pocas veces en mi vida en las que realmente haya sentido miedo. Una de ellas fue cuando vi por primera vez la cara de Kiko Matamoros recién operado por Carla Barber —esa cara debería ser considerada terrorismo estético, que la OMS haga algo, porfa—, y la otra fue la que os voy a contar a continuación. Tuve miedo por mí, por mis padres y por todo lo que aquello iba a desencadenar. Ya había sufrido algún episodio parecido, pero con este quise llegar hasta el final. Nos tomamos las redes sociales como un entretenimiento, pero a veces pueden llegar a ser un arma muy peligrosa, y esta historia lo demuestra.

Cuando me aburro, insulto, ya lo sabéis, aunque tampoco considero que sea ofensivo: yo solo doy datos. Pero cuando me aburro de insultar, pues me entretengo leyendo mensajes que me dejan algunos seguidores en Instagram. Una de esas tardes en las que mi único objetivo era quejarme constantemente de por qué ningún italiano rico se fijaba en mí, mientras terminaba la cuarta copa de vino porque el médico me había recomendado comer más fruta y a mí la uva siempre me ha gustado —haced caso a los médicos—, me topé con un mensaje privado que enseguida acaparó toda mi atención. Un usuario, con nombre y apellidos, al que no conocía de nada, me había mandado algo que me dejó flipando: mi dirección exacta, municipio y número incluidos.

Lo primero que pensé: «Ya está el pesado de mi ex con una cuenta falsa tratando de asustarme. Chico, ¡SUPÉRAME!». Porque si quieres joderme enviándome un mensaje con mi dirección, lo único que consigues es justificar el motivo por el que te dejé: por gilipollas. No es tan difícil joder a un ex, y como diría la gran psicóloga Ana Guerra: «Querer es poder».

Ideas para joder a un ex

- Enviar a su casa una corona de flores para difuntos con una banda con su nombre. Debe saber que él está muerto para ti. Y de paso le das un sustillo a sus familiares, un amago de infarto siempre aporta dramatismo a la situación.

- Liarte con sus amigos. ¿Consigues algo? No. Pero tu coño lo va a disfrutar y él seguro que rabia por dentro. (Y quien dice amigos, dice hermanos o primos, ¿eh? Este es un punto en el que no hay que escatimar).

- Haz aquello que él siempre quería que hicieras y nunca hiciste. ¿Que se quejaba de que comías siempre mal? Pues tú ahora eres real fooder. Carlos Ríos, tu mejor amigo; aunque sea un completo imbécil, best friends. Aunque luego te metas entre pecho y espalda un BigMac, no pasa nada. ¿Seguimos consiguiendo algo? No, pero sigue jodiendo. Y joder al prójimo es lo más importante, amigues.

- Envíale un mensaje preocupándote por su salud, que te han dicho que está delicado y empieza ya a estar mayor. Yasss, ja, ja, ja, ja.

- Haz ver que has encontrado pareja o que estás quedando con otro. Quizás voy a quedar de muy ridículo, pero yo esto lo he hecho muchísimas veces. Aquí la prueba:

The photo:

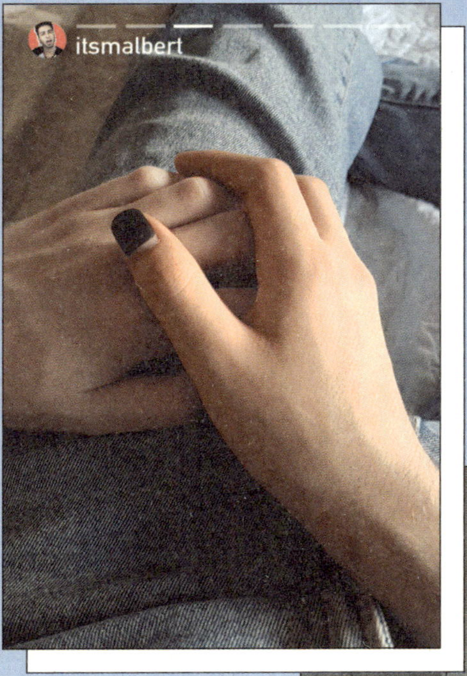

The set:

Después de leer aquel mensaje donde un seguidor me enviaba mi dirección, me acordé de que mi ex no contaba con las neuronas suficientes como para pensar algún plan para joderme... Bueno, para pensar, básicamente, así que él no podía ser. Además, que ya me jodería que creyese que ese mensaje podía intimidar a alguien como yo, que estoy más que acostumbrado a recibir amenazas. Esto no lo he contado nunca, y no sé si os acordaréis, pero allá va: todo comenzó cuando saqué mi primer libro y subí a Instagram stories, en tono humorístico, varias fotografías de famosas sosteniendo mi libro: Terelu Campos, Britney Spears y Belén Esteban, entre otras. Pues aquel día recibí una amenaza vía email: era una cuenta oficial con dominio de cierta triunfita a la que no le había gustado que publicase en mi Instagram el montaje de una fotografía suya con mi libro. ¡Que era un puto meme! Pues me amenazó con tomar medidas legales. ¿Me explicas el sentido del humor de la gente? No quiero decir su nombre, pero vaya, podríamos llamarla Ano Guarro. Ya me jodería tener una vida tan aburrida y tan vacía como para estar enviando mensajes con amenazas judiciales por usar su imagen de forma chistosa siendo ella un puto personaje público. Ahí tenemos a «LA GRAN ARTISTA», tan ocupada haciendo música que está pendiente de todo lo que yo subo o dejo de subir. A ver si va a ser culpa mía que no llenes ni un concierto. Amiga, date cuenta: para lo único que interesas es para que la gente se burle de ti. Porque madre mía, amenazas judiciales, me parece de locos. Chica, relájese, señora, que era un puto montaje por los jajas, céntrese mejor en hacer música decente y que no suene a Juan Magán en 2005. Aisss, casi. Guárdese las amenazas para otra ocasión, RIDÍCULA. Que eres una ridícula, Ano Guarro.

Aun así, quería saber de dónde mierdas venía ese mensaje, quién me lo enviaba y por qué sabía mi dirección completa. Entré en el chat de aquel usuario y fue entonces cuando una gota de sudor me cayó por la frente. Pude leer todos los mensajes anteriores que ese usuario me había enviado y la sorpresa fue mayor: había estado varios meses enviándome mi dirección más de cinco veces al día. Increíble. Cada día, a las mismas horas, me enviaba el mismo mensaje una y otra vez. No sé con qué intención. Quizás intimidatoria, acosadora o simplemente para tocarme los cojonazos... La última la estaba consiguiendo.

C/Altamira 65, Sant Quirze

C/Altamira 65, Sant Quirze

C/Altamira 65, Sant Quirze

C/Altamira 65, Sant Quirze

C/Altamira 65, Sant Quirze

C/Altamira 65, Sant Quirze

5, Sant Quirze

C/Altamira 65, Sant Quirze

C/Altamira 65, Sa

C/Altamira 65, Sant Quirze

C/Altamira 65, Sant Quirze

ira 65, Sant Quirze

C/Altamira 65,

C/Altamira 65, Sant Quirze

C/Altamira 65, Sant Quirze

C/Altamira 65, Sant Quirze

C/Altamira 65, Sant

C/Altamira 65, Sant Quirze

C/Altamira 65, Sant Quirze

C/Altamira 65, Sant Quirze

Lo primero que hice fue hacer captura de su perfil y enviárselo a mi grupo de la chupipandi por si les sonaba de algo el chico o su nombre. A ver si iba a ser del pueblo y yo aquí creyéndome que era un hacker turco. Pensé: «Quizás ha dado la casualidad de que algún día me ha visto entrar en casa y ya está». Pero no, nadie lo conocía. No os negaré que incluso sospeché que fuese el hijo de una vecina mía a la que le tengo mucha rabia, y ella me tiene mucha envidia. Algún día encargaré treinta pizzas a su dirección. #SonsolesVoyAPorTi. Necesitaba saber de dónde era ese chico, ese hombre, ese señor, y cómo coño había conseguido mi dirección. Es que era prácticamente imposible tener esa información tan exacta. Y tenía claro que, si se lo preguntaba de forma directa, iba a saltar con cualquier excusa barata. No me quedó otra opción: saqué a la Glòria Serra que llevo dentro y empecé a investigar. Cuando se me mete algo entre ceja y ceja, no paro hasta conseguirlo. Porque tiempo para ponerme a trabajar y hacer cosas productivas nunca tengo, pero para enterarme de salseos y movidas varias, tengo todo el tiempo del mundo. #Prioridades. Aunque no sé si empezar a investigar fue la mejor opción, ya que terminé encontrando cosas aún más turbias, literalmente MUY TURBIAS.

Sus mensajes anteriores me daban varias pistas: «Malbert, on ets? Necessito regalar-te una rosa», me decía el día de Sant Jordi. ¿Que «necesitaba» regalarme una rosa? Algo precioso si es tu novio y algo siniestro si te lo dice un desconocido que te manda tu dirección constantemente por privado. De ahí podía sacar que sabía catalán y que, si «necesitaba» regalarme una rosa, vivía el día de Sant Jordi muy a pecho; por lo tanto, dos y dos son cuatro: tenía que ser catalán casi al 100 %.

Ya iba estrechando cada vez más el círculo geográfico. Seguí leyendo hacia arriba todos sus mensajes y me encontré cosas como: «Eres guapísimo», «me encantas», «estoy enamorado de ti», «hazme caso, por favor», «necesito que me contestes», «sé que pronto me contestarás», «no me cansaré nunca», «eres lo mejor que tengo y pienso encontrarte»... Y me quedé sin habla del puto miedo con el último mensaje que me dejó: «Seguiré intentándolo porque sé que algún día me contestarás, pero en fin, no pienses en lo que le ocurrió a John Lennon».

Vale, aquí debo admitir que me cagué las patas abajo. Casi como cuando me comí una hamburguesa caducada y estuve tres días meando por el culo, literalmente. Horrible, aquello parecía una tubería rota, no os recomiendo para nada comer comida caducada.

Todo esto me estaba resultando ya muy turbio y por mi coño moreno que iba a llegar hasta el final fuese como fuese. Empezaba a resultarme demasiado amenazante e intimidatorio; no sabía quién se escondía tras esa cuenta ni lo que estaba dispuesto a hacer, porque, de haber sido así, habría acudido a la policía. Pero entre que denunciaba, la policía valoraba el caso, se ponían a investigar y blablablá..., a mí ya me habrían matado. También te digo, los documentales de Netflix sobre crímenes imperfectos tampoco ayudaban a calmarme. ¿Podía haber acudido a comisaría y hacer las cosas como una persona normal? Sí. ¿Lo hice? No. Esto es como cuando te duele algo y en vez de ir al médico prefieres esperar a que se te pase o te mueras. Pues ese soy yo.

Decidido, busqué en Google el nombre completo que tenía en el perfil, su currículum, el perfil de LinkedIn, una noticia sobre que era un asesino en serie y estaba en busca y captura por el CNI... Estaba convencido de que alguna pista encontraría. Fui buscando página tras página hasta dar con lo que me facilitaría la PISTA CLAVE. Gracias a esa búsqueda, conseguí acceso a un documento público en el que estaban escritos su nombre y apellidos. Era una lista de los resultados de un campeonato nacional de natación en el que supuestamente había participado. Eso me dio más pistas de las que creéis. Averigüé el club deportivo al que representaba, por lo que ya sabía de qué zona era: se trataba de un pueblo bastante lejos del mío y en la otra punta de Cataluña. Mi teoría de que era catalán se cumplía y descartábamos la teoría de que fuese el hijo de mi vecina la loca. Ya sabía dónde vivía o, al menos, cuál era el pueblo al que iba a natación. Esto para que os deis cuenta de la cantidad de información que hay en internet sobre nosotros y al alcance de todo el mundo. Además, pude ver la categoría en la que participó ese año, así que, gracias a esos dos datos, también calculé qué edad rondaba en la actualidad. Participó en el campeonato de 2020 en la categoría benjamín, que era entre los once y los doce años. O sea, vamos a ver, VAAAMOS A VER QUE YO ME ENTERE. ¿Me estás contando que un niñato me está acosando? ¿Qué me estás container? ¿Un niñato? Y yo creyendo que un señor con bigote y gafas con mucha peste a orujo estaba tratando de asesinarme. Casi que prefería mi versión. Pero con toda esta información valiosa, pude lanzar un estudiado anzuelo para que mi pequeña presa picase. Ella calculadora.

Durante la cuarentena, que fue cuando sucedió todo esto, en uno de esos directos que hacíamos tras los aplausos en la ventana a las ocho de la tarde al compás de «Resistiré» —como el que hice con Anabel Pantoja hablando de cómo se lavaba el chocho en el bidé, siempre ofreciendo contenido didáctico y de calidad—, se conectó una cuenta muy extraña. Era un nombre rollo @w345njnq, sin sentido y sin foto; o sea, una cuenta falsa. Lo identifiqué rapidísimamente: era él. La cuenta empezó a publicar sin parar en el chat MI DIRECCIÓN

COMPLETA de nuevo. Lo inteligente o lógico hubiese sido expulsarlo del directo y bloquearlo, pero no: ahí empezó mi estudiada trampa.

«Vaya, vaya, vaya... Estoy viendo que en el directo hay alguien que conozco. No sé si lo sabes, pero ya te informo yo: estás cometiendo un delito. ¿Sabes que yo también sé dónde vives? Tu pueblo empieza por B y termina por A, y no es Barcelona. Sé quién eres y que estás infringiendo la ley. También sé que eres menor, pero la justicia es igual para todos seas mayor de edad o no, ¿eh? Me has tocado los cojones y vas a pagar. La ley está para cumplirla y, en el caso de ser menor, tus padres serán los que respondan por ti. Me has cabreado y me encargaré de que pagues; ojo por ojo, diente por diente. No sabes con quién te has metido: chocaste con el muro de Berlín. ¡¡Tú a mí no me conoces!!», dije muy cabreado en el directo, ella exagerada, ja, ja, ja, ja. Ante todo, yo me debo al show. Lo tuve que acompañar de varios golpes en la mesa y pausas dramáticas. Actriz 360. La gente flipaba: «¿Qué está pasando?», «¿Por quién lo dice?», «¿Alguien sabe algo?», «¿Ha entrado Cepeda en el chat?», «Tengo miedo», comentaban los seguidores ante mi monumental cabreo en pleno directo.

El live terminó y todo sucedió tal y como tenía planeado. La cuenta falsa que estaba filtrando mi dirección confesó por mensaje privado:

> Hola Malbert, soy la persona de la que hablabas en el directo. En primer lugar, quería pedirte perdón por si te ha molestado esto de que te mande la ubicación de tu domicilio. No sé por qué lo hice. Quiero que sepas que no hay nadie detrás de todo esto, solo estoy yo. Estuve investigando hasta descubrir dónde vivías porque soy muy fan tuyo y me obsesioné contigo, no lo sé. Y haz lo que te salga del coño; si quieres denunciar, hazlo, porque tal vez sí que me haya pasado, aunque lo haya hecho inconscientemente. De verdad, te pido mil disculpas. No sé por qué lo he hecho. No publicaré en ningún lugar tu ubicación, ni tenía la intención de hacerlo. Para mí lo eres todo, me río mucho contigo y me lo paso superbién viendo tus vídeos. Una vez más, te pido perdón. 🧡
>
> Lee esto, por favor, lo necesito.

A ver, me encanta el momento de «no tenía intención de publicar tu dirección» tras haber colapsado el chat de un directo con mi dirección, ja, ja, ja, ja, ja, ja. ¡CON DOS COJONES! Tienes unos huevazos tan gordos que limpias el suelo al andar. Pero es obvio que estábamos hablando de un menor, presuntamente un chico muy fan, y bueno... todos hemos hecho locuras. Así que consideré que ser comprensivo era la mejor opción.

> Hola, tranquilo, no voy a tomar medidas legales, pero quiero que sepas que lo que has hecho está muy feo. Vale que quieras enviármelo por privado si te hace gracia, pero hacerlo de forma pública es muy grave y eso está penado. Espero que todo quede aquí, acepto tus disculpas. Todos cometemos errores, pero la próxima vez vigila más al publicar información privada. Un abrazo.

Pero claro..., aquí uno, que es curioso, necesitaba formular la siguiente pregunta:

> P.D.: Y ahora, por curiosidad, ¿cómo diste con la dirección?

> Pues bueno, por varios vídeos. Vi dónde te grababas comprando o por dónde conducías. Por las señales de tráfico que salían de fondo y que indicaban algunos monumentos o calles, pude saber tu pueblo o zona por la que te movías habitualmente. Y esta cuarentena, como subiste algunos stories desde tu terraza, me quedé con la forma, los colores y el paisaje, y desde Google Earth busqué durante días casa por casa hasta encontrar la terraza que cuadraba con la de tus stories de Instagram.

Me cago en la hostia. «Quizás me obsesioné un poco»... ¡¡Nooo, hombre, nooo!! ¿Por qué lo dices? ¿Estás seguro? ¿En qué lo has notado? ¿En lo de quedarte bizco buscando terrazas por el Maps? ¿O en que casi te faltó colgar una lona en la Puerta del Sol con mi dirección? ES QUEEE... Luego decís que hablo, ¡POCO HABLO! Y mira que a veces pienso que yo no estoy muy fino de la chota, pero con estas cosas me doy cuenta de que no estamos tan mal, ¿eh? ¡¡¡Que el colega se recorrió media España con el Google Earth!!! Hay que tener mucho tiempo libre y muchas ganas de ganar dioptrías. Es alucinante cómo nunca sabes lo que alguien está dispuesto a hacer por ti. El amor, aunque sea amor de fan, puede llegar a ser enfermizo. Muchas veces, el amor es un sentimiento maravilloso. Muy intenso en sus inicios y moderado en su desarrollo. Si no ponemos límites, no tenemos cuidado y nos dejamos llevar por la pasión, este puede acabar convirtiéndose en una obsesión. La línea que separa el amor de la obsesión es muy fina.

No solo tenemos ojos para perseguir paquetes de deportistas en chándal gris, sino también para ver la realidad y darnos cuenta de nuestros actos. Está bien ser insistente, pero hay momentos en los que debemos parar, analizar y actuar con cabeza. Hay gente que debería ser consciente de lo pesada que puede llegar a ser, como Paula Echevarría, que trata de encasquetarnos cada Navidad una colonia diferente en Mercadona. STOP. Señora, pare ya, que media España ya huele a usted, PARE. Y la otra media huele a Bustamante. Otro igual.

En definitiva, amigues, a veces nuestros sentimientos no son correspondidos y hay que aceptarlo si queremos seguir avanzando. De lo contrario, podemos estancarnos en un bucle sin salida en el que lo único que conseguiremos es clavarnos puñales a nosotros mismos. Y por favor, no persigáis a vuestros amores ni por la calle ni por Google Earth. No es bonito, es siniestro.

Las cosas, como el semen: a la cara.

17:45

Lunes, 25 de junio

ahora

CAPÍTULO 4

O sea, sí, pero no

Creo que todo maricón ha escuchado al menos seiscientas veces esta pregunta: «Y tú, ¿cómo te diste cuenta de que te gustaban los chicos?».

Mi salida del armario fue de lo más normal, la verdad. Por suerte mis padres son de mentalidad bastante abierta y tolerante. A mi padre le costó un poco asimilarlo, pero hay que darles tiempo. No podemos pretender que personas que crecieron con otros pensamientos, otra sociedad y otros valores te acepten y te entiendan de la noche a la mañana. Porque es imposible. Aunque te diré una cosa: una madre es una madre y ellas lo saben todo. Te han parido y eso les da un superpoder sobrehumano para saberlo todo sobre ti sin que tú les digas nada. Benditas madres. Deberíamos escucharlas más de lo que lo hacemos normalmente. Sus consejos son tan valiosos... Una madre siempre informa y el tiempo lo confirma.

Hay mucha gente en contra del concepto «salir del armario» porque dicen que habría que empezar a normalizarlo. Que no hace falta decir que eres gay, lesbiana o bisexual, ya que los heteros no dicen: «Oye mamá, una cosa, que soy hetero». Pero, precisamente, yo creo que es muy necesario decir lo que eres cuando una sociedad da por hecho que tú cumples la norma. Por ejemplo, de forma inconsciente se espera de una mujer que sea heterosexual. A muchas amigas mías les han preguntado si han tenido relaciones sexuales con hombres cuando han ido al ginecólogo, pero jamás les han preguntado si las han tenido con mujeres. Dan por hecho que son heterosexuales. Por cosas como estas es tan necesario el concepto «salir del armario», para romper con lo que la sociedad espera de nosotros.

Muchas personas han sufrido agresiones físicas y verbales, discriminación y rechazo. Por suerte, para mí fue más o menos fácil que mi entorno aceptase mi orientación sexual. Aunque no me gusta decir que he tenido suerte de que no me haya pasado algo peor. No defiendo que seas más afortunado por ser menos desafortunado. No quiero sentirme afortunado porque no me peguen. Aun así, mi entorno supo aceptar lo que era. Pero, paradójicamente, a quien más le costó fue a mí.

Cuando tenía diez años, pasaba muchas tardes de sábado con una de mis primas mayores, ya que siempre hacía de canguro mientras nuestros padres se iban de compras. Tengo muy marcada aquella época, porque me resultaba muy duro y complejo entender qué me pasaba. Durante una larga época de mi vida pensé que era una mujer transexual. Aquellas tardes con mi prima nos las pasábamos cantando al karaoke, jugando a inocentes juegos que se nos ocurrían, como tirar pinzas desde el balcón a gente que pasaba por la calle. ¡Ay, qué loquitos! Otras veces yo simplemente hacía de su sombra mientras la acompañaba a hacer planes con sus amigas por el centro de mi pueblo. Yo era el único niño en aquel grupo de chicas de casi dieciséis años y muchas veces me metían en sus conversaciones. Recuerdo sentirme muy a gusto y divertirme mucho. Pero otras no entendía según qué normas.

—Guau, me encantan tus pulseras. Yo quiero llevar esas que tú tienes —les decía a sus amigas, inocente de mí.

—No puedes, no eres una chica.

—Ah... Vale.

> *“—Ana, ¿me puedo probar tus zapatos de tacón? —le decía a mi prima.*
> *—Pero si eres un chico, ¿cómo vas a llevar tacones? Bueno, póntelos antes de que venga mi padre, que como te vea te mata.”*

“Las faldas solo las pueden llevar las chicas.”

“Eres un chico, el rosa no es para ti.”

“Tienes que jugar al fútbol.”

En algunas comidas familiares tenía que escuchar comentarios sobre si yo torcía la mano más de lo normal y si en las fiestas de aniversario me ponía pelucas, faldas, etc. Incluso tengo grabados los manotazos que me pegaba mi tío en el brazo para «corregir» cuando me daba por torcer la mano o dejarla medio doblada. Demasiado femenino para él. «Mira el puto maricón», escuchaba en las comidas cuando salía Jesús Vázquez por la tele.

Todas estas cosas, a mi yo de diez años, sin tener ningún referente LGTBI y sin que nadie me explicase nada, me hacían llegar a una conclusión: si hay cosas que me gustan como las pulseras de purpurina, los pendientes, los tacones, pero no puedo llevarlos porque soy un chico... Esto quiere decir... que soy una mujer. Entonces... ¿quiero ser una mujer? No entendía nada. Sentirme tan cohibido me causaba mucha frustración. Tenía que respetar una norma porque era lo que se esperaba de mí por ser chico. Debía cumplir con unos roles estéticos de género que nadie me había consultado si yo quería seguir. Y no, NO QUERÍA. Pero tenía miedo. No me quedaba otra que callar y pasar por el aro. En aquellos tiempos no teníamos móviles ni tablets con acceso a internet, ni había tantísima información como hay ahora.

Tuve este debate interno durante muchos años. Creí que en realidad era una mujer. Que mi madre se había equivocado al parirme. Cuando me iba a la ducha, recuerdo estirar mi pene hacia atrás y cerrar las piernas para simular una vulva y decirme: «Deberías haber nacido así para hacer lo que te gusta». Y en verdad no quería ser una mujer, yo me sentía hombre. Pero no me sentía representado con lo que la sociedad me inculcaba. En verano, aprovechaba cuando me quedaba solo en casa por las tardes para enrollarme las sábanas a modo de vestido de tonadillera y me plantaba unos tacones bajos de un naranja horrible que tenía mi madre. Ponía el disco de las Spice Girls y que empezase el desfile. Me lo pasaba bomba. Qué triste era tener que ser feliz en soledad. Sentirme libre solo cuando no tenía ojos clavados en mi espalda. Esto ni se me pasaba por la cabeza hacerlo con mis amigas o amigos, porque habría sido el hazmerreír de mi pueblo e igual me ganaba alguna paliza en el patio del colegio. Muchas personas del colectivo aprendemos a sobrevivir a base de fingir ser quienes quieren que seamos.

Cuando fui creciendo, entendí que tan solo quería experimentar, jugar y descubrir mi personalidad. Yo era un chico, pero me podían gustar también las personas de mi mismo sexo. Pero entonces yo ni sabía lo que significaba ser gay ni bisexual ni nada. A mí nadie me explicó que dos hombres se podían amar y se podían besar. La única información que tenía eran los insultos que escuchaba cada vez que un «puto maricón» salía por la tele. Y evidentemente, por instinto de supervivencia, si ves que a alguien lo están insultando de forma constante, pues jamás vas a querer ser como esa persona. Es por eso por lo que me costó tanto saber qué coño me pasaba.

Con la madurez de los años, se me fueron abriendo los ojos. Hasta que, a los catorce años, encontré al chico con el que perdí mi virginidad. Era dos años mayor que yo, de mi pueblo, y con él me di mi primer beso. Fue muy romántico, detrás de unos contenedores de basura entre aromas a pescado podrido y lejía. Aquel beso fue el primero de muchos. Bueno, muchos... Tampoco tantos, que parece que aquí uno se haya llevado a la boca todo lo que se le ha cruzado. Y no. Casi, pero no. O sea, sí, pero no.

Me veo en la obligación de exponer cuáles son mis límites en el amor. Porque quizás con este libro, la gente puede hacerse una imagen errónea de mí. Yo no me acuesto con cualquier persona. Bueno, igual sí. O sea, sí, pero no. Por si algún día os queréis acostar conmigo o algo, que sepáis que, aunque pueda parecer lo contrario, hay unas barreras que no estoy dispuesto a sobrepasar. No quiero discriminar a nadie, todo el mundo tiene derecho a vivir. Bueno, yo opino que no. Esta gente no. Al menos a mi lado. Estos son los perfiles de personas con las que JAMÁS ESTARÍA. Antes prefiero pisar una cucaracha descalzo.

7

tipos de persona con los que me niego a estar

El mago

Mira, yo por aquí sí que no paso. No, no, no, no. Ya puede ser el hombre más atractivo del mundo, que como a mí me diga «¿Te hago un truco de magia?» paso de querer que me meta el rabo a metérselo yo, PERO UN PUÑETAZO. ¿Hay cosa más asquerosa que un mago? De verdad, es como Tamara Gorro, una cosa insoportable. Los magos son los despojos humanos de la sociedad, las personas más cansinas que existen en la Tierra. Si algún día tenéis un hijo, porque no sé, os apetece arruinaros la vida de alguna forma, y os dice: «Quiero ser mago», yo recomiendo reformatorio. Es que eso de mayor no mejora.

Una amiga mía, cuya identidad no quiero desvelar, se echó una vez un novio mago. Pero no un mago rollo Criss Angel. No, era un mago a lo «El show de magia cómica con el Mago Tomás en Murcia», ¿sabes? O sea, Jorge Blas. Su truco de magia más espectacular era convertir un pañuelo en confeti cuando previamente habías visto cómo se lo sacaba de dentro de la americana y lo había intentado tapar con un abanico más grande que los de Locomía. Pues esta amiga mía se echó un novio igual o peor. Y yo pensaba: «Silvia, ¿te merece la pena vivir con semejante imbécil al lado?». Además, es que tenía cara de señor al que le hacen un documental en Netflix. Y no de homenaje. Lo peor de todo era que en cada puta comida en la que nos reuníamos toda la chupipandi, a la hora de los cafés ya empezaba: «¡Eh! Tsss, tsss». Te daba un golpecito con el codo y te decía: «Venga, elije una carta». CÁLLAAATEEE. NADIE QUIERE TUS PUTAS CARTAS. Vuelve a guardártelas, pedazo de gilipollas. Ese señor vivía con una baraja de cartas metida dentro del ano. Yo, muy educado, le decía: «Je, je, je, no, no, házselo a otro». Y él: «Que cojas una carta, hombre, venga va». Claro, yo por compromiso pues la cogía, y seguía: «Mira, ¿eh? Mira, no tengo nada en las mangas, ¿eh? Mira, mira, que esto es magia de verdad». ¿Magia? ¿MAGIA DE QUÉ? ¿DE QUÉÉÉ? ¿Sabes lo que sí es magia? Que no te hayan abortado. Eso sí que es magia, José Luis. Entonces me adivinaba que la carta era el cuatro de bastos y, bueno, él contentísimo por adivinarlo y encima te miraba como diciendo: «¿Qué? Estás flipando, ¿eh?». La gente de la mesa aplaudiendo. «Buah, qué fuerte, lo ha adivinado...». Muchas gracias, José Luis, eres increíble, es el cuatro de bastos, me has salvado la vida. Ya me da igual que mi ex me haya pegado la gonorrea porque era la carta. Gracias, José Luis. Mira, fuerte es cuando descubrí que «paulatinamente» era una palabra de verdad y no el último disco de Paulina Rubio. Eso sí es fuerte y no tu cuatro de bastos.

Mira, haz un truco de magia de verdad y DESAPARECE, asqueroso. Fíjate lo repugnante que llegas a ser que, el día que desaparezcas, ni Ana Rosa se va a preocupar, con lo que le gusta a ella una desaparición.

Que tenga pomeranians

Esta gente así como entre asquerosa y repulsiva que decide tener un pomeranian merece el infierno. Para quien no lo sepa, es una raza de perro que parece que cague nubes de algodón. Es como si una taza de Mr. Wonderful fuese un perro. Algo totalmente vomitivo. Dicen que las mascotas se parecen a sus dueños. ¿Sabéis quién tiene un pomeranian? Violeta Mangriñán. ¿Sabéis quién tiene uno también? Pelayo Díaz. Nada más que añadir, señoría. O sea, con la vida tan maravillosa y envidiable que tienen los perros. Nada más conocerse entre ellos, ¿qué hacen? Olerse el culo. Cuantos quisiéramos. Pues imagínate ser un animal tan privilegiado y terminar en manos de Pelayo Díaz. Gran animalista que literal se compró a su pomeranian en una tienda online llamada «Luxury Pet Toys» y se lo enviaron a casa en MRW. No es broma.

Hizo el unboxing.

De un perro.

...

Una idea buenísima. ¿Para qué adoptar? ¿Acaso los perros en adopción vienen con un tíquet de devolución por si se vuelven feos cuando crezcan? Hombre, por favor, que Pelayín tiene sus principios; ser un asco de persona, vale, pero tener un perro feo, no. Por ahí no paso.

También te digo, no sé para qué quiere Pelayo otro perro si ya tiene a su novio, que cumple la misma función: siempre detrás de él, sin hablar y, seguramente, también disfrute oliéndole el culo. Yo es que veo el Instagram de esta gente y pienso: «Fíjate... Con la de personas que se mueren, y tú no, ¿eh?».

¡¡¡Y lo peor de todo es que le hacen una cuenta al perro!!! ¡AL PUTO PERRO! En plan, que suben fotos y escriben los posts como si fuese el propio perro el que lo ha escrito. Imagínate tener un novio como Pelayín y verle serio y concentrado, sentado en la silla delante del ordenador y preguntarle:

—¿Qué haces, mi amor?

Y que te diga: «Trabajando».

Mientras tanto, Pelayín en su ordenador: «¡Guau! ¡Guau! Disfrutando del domingo con mis dueños, que son los mejores. ¡Guau! Me encanta pasear con ellos. ¡Guau! Te quiero, @pelayodiaz».

Cuando realmente la pobre criatura está pensando: «Ojalá os muráis, malditos humanos, dejadme en paz. Antes de estar con vosotros prefiero volver a la puta caja en la que me trajisteis y quedarme sin oxígeno. Hijos de puta».

No, no, y es que después de escribir el post de mierda en Instagram, Pelayín tendrá los cojonazos gordos, porque los tiene enormes de tanto tocárselos, de decir por stories: «Lo siento por no haberme pasado mucho hoy por aquí, es que no hemos parado en toda la mañana». Váyase usted a la mierda, enano mental. Esta gente se merece que la metamos dentro de un jacuzzi con una tostadora encendida. Te lo prometo, suben cada foto que, si entiendes el lenguaje no verbal, la mirada del perro dice: «SOCORRO, NO PUEDO MÁS».

Por si fuese poco, les ponen nombres como «Shuggy», «Canelita», «Fresi». Que es un puto perro, no un postre, que si quiere se te caga encima. Igual muchos os habéis ofendido porque sois iguales que ellos. Pues os jodéis. ¿También le habláis a vuestras mascotas con la voz de pito de Miguel Frigenti? No merecéis mi respeto. Dad gracias a que vuestras mascotas no hablan.

P. D.: Si dices tres veces «Pelayo Díaz» delante del espejo, se te aparece la niña de la curva.

El cantante

Estos sí que me dan lache. Pero no el cantante que canta, sino el que se cree que canta. ¿No os ha pasado alguna vez que os encontráis con un chico guapísimo, to buenorro, que os encanta y de golpe veis en su Instagram un vídeo suyo en blanco y negro tratando de cantar de forma muy intensa como si fuese Beret, pero cantando mal? Bueno, cantando como Beret.

Y lo más grave es que te dicen: «Oye, mira, que he hecho esta cover. Te la paso y dime a ver si te gusta».

Claro... Luego tú la escuchas y piensas: «Si estás intentando matar a la población, con esto lo consigues fijo».

Pero por puro compromiso o porque simplemente te lo quieres follar, pues le dices: «Guau... No sabía que cantabas así. Eres muy único. Se nota que le pones pasión». PORQUE TALENTO NO, HIJO DE PUTA.

No, hombre, no, no hay que ser cruel. Esta gente así como sorda también tiene derecho a vivir. Si no, ¿cómo tendría fans Ana Guerra? Aisss, casi.

El influencer

¿Voy a tirar piedras sobre mi propio tejado? Qué va. Voy a tirar ladrillos y hasta un menhir si hace falta. Yo no me considero influencer. Porque los odio. A mí llámame como quieras: gilipoller, la maricona que insulta, el cinesa (por mis entradas)... lo que quieras; pero influencer, no.

Pero con esto no estoy diciendo que yo no estaría con alguien que se dedicase a redes sociales, sino con la típica persona que necesita compartir su día a día porque cree que su vida es necesaria para el desarrollo de la sociedad. Esos de los que comparten cada puta mañana en su Instagram stories un zumo que no es zumo, sino mejunje riquísimo de brócoli y apio triturados de color entre radioactivo y diarrea de Shrek. Que cuando ves que mueve el vaso, el líquido no se mueve. El vaso sí, el mejunje no. Le da la vuelta y aquello sigue ahí pegado. Esa pasta no la usa ni el Paco para enmasillar las paredes, colega. Es asqueroso. ¿Quién desayuna apio y brócoli? ¡Es que ni Carlos Ríos! Encima te dicen: «Es que tomando esto cada mañana alargas más tu esperanza de vida». Y oye, a mí me parece genial que quieran vivir tanto, pero yo me pregunto: ¿tú crees que el mundo te quiere viva tanto tiempo? Es que es para reflexionar, ¿eh? Porque igual tú te estás hinchando a tes de Fitvia cuando en realidad lo único que quiere la gente es que bebas lejía, mi amor. No puedo con este tipo de gente que me atrapa en su burbuja de smoothies y tostadas integrales, es que no puedo. Dicen que no hay que dejarse llevar por las apariencias ni juzgar a las personas sin conocerlas. Pero yo tengo una teoría y es que, cuando alguien parece imbécil, probablemente lo sea.

Con esto también me refiero a las típicas personas que van de emprendedoras porque han abierto su propio negocio y son unas currantas. Claro, con la tarjeta de mis papis yo también soy emprendedora. Pillar un puñado de joyas del Aliexpress y llamar a tu marca Natalia Jewelry no es emprender, es demostrar lo que todo el mundo lleva pensando de ti durante años: QUE ERES IMBÉCIL, NATALIA, QUE ERES IMBÉCIL. Esta gente debe darse cabezazos contra el bidé, si no, no lo entiendo.

De verdad, me lo vais agradecer. No os echéis un novio/a influencer de esos que se van de vacaciones a algún destino como la India y, cuando vuelven de su hotel de cinco estrellas en Tailandia, van a decirte que el viaje les ha cambiado la perspectiva de la vida y que se han vuelto mucho menos materialistas. Hasta que empiezan las rebajas, que entonces se les olvida. Obvio.

Esta gente da asco. Y más asco te va a dar cuando un viernes por la tarde quiera ir a tomarse un cóctel y unas shishas a un lounge bar llamado algo así como El Edén cuando tú lo único que quieres es, literalmente, abrirte una puta lata de mejillones y ver *Sálvame*. O sea, tú no puedes decir que quieres ir a un lounge bar sin parecer un sinvergüenza. Esa palabra no la puedes usar más de tres veces porque te mueres del asco que das. Os juro que me encantaría saber qué sienten las parejas de este tipo de gente repulsiva. Ya se lo preguntaré al marido de María Pombo.

No os juntéis con un o una influencer y mucho menos tengáis hijos con ellos. Esos pequeños inocentes no se lo merecen. Tú imagínate nacer en contra de tu voluntad sin que nadie te pregunte y encontrarte que tu madre es Marina Yers. A mí de niño me dan a elegir entre irme a vivir con Michael Jackson o con Marina Yers, y yo me voy con Michael Jackson.

De todo esto saco una cosa en claro. En la vida hay tres cosas inevitables: la muerte, los impuestos y que los influencers den asco.

El actor

Aquí voy a hablar con conocimiento de causa. He estado con varios actores. Y cuando digo varios..., me refiero a más de tres. Pero de rollo, ¿eh? Vamos, que he podido conocerlos en profundidad. Y follarme a unos cuantos más. No quiero dar nombres, pero vaya, si no fui a los Goya es porque lo dejé antes.

Tuve un novio que era actor; bueno, que quería ser actor, que es muy diferente. Porque por querer, yo quiero ser el rey de España, ¿sabes? Tuvimos una relación muy romántica y, de hecho, yo lo llamaba «el frigorífico». No por nada, ¿eh? Simplemente porque siempre tenía espacio para los huevos y la leche. Pero salir con un actor de verdad, no como mi ex, es algo que puede resultar complicado. Es que esta gente se cree que ser actor es vivir de forma muy intensa, como con mucho ímpetu. Por favor, déjame. No estás en *El secreto de Puente Viejo*, amigo, que hiciste de árbol 2 en el colegio y te crees Meryl Streep. Son muy intensitos, de los que te dicen en la primera cita: «Yo no busco el amor, busco experiencias». Chica, pues cómprate un pack de La vida es bella, no sé.

Está muy bien luchar por tus sueños, pero es mejor ser realista.

Cada uno tiene que saber dónde están sus límites, y tú, mi amor, no sirves ni para extra de *Yo soy Bea*.

El coach

Ufff... UFFF ¡¡UUUFFF!! Venga, que me cabreo. ES QUE ME CABREO.

Esto sí que no lo tolero. De verdad. NO PUEDO, NO PUEDOOO.

Esa persona que tiene los cojones tan gordos de decir que es coach, pero de cualquier disciplina: coach emocional, coach motivacional, life coach... Lo siento mucho, pero merecen que los maten. Así de claro. Es mejor decir que tienes herpes genital antes que decir que te dedicas a esto. Te lo digo muy en serio.

¿Coach de qué? Pedazo de imbécil, estudia. Haz el favor. Si lo buscas en el diccionario de la RAE, verás que es una «Persona que asesora a otra para impulsar su desarrollo profesional y personal». Porque llamarlo por su nombre, PUTO GILIPOLLAS, era demasiado corto y poco formal. Spoiler: no eres psicólogo, ni lo vas a ser. Por mucho que lo intentes, no vas a parecer un puto psicólogo. Lo único que vas a parecer es lo que eres, un señor que llega a su casa, se calienta una lasaña precocinada y, sentado solo en el sofá, hace reflexiones tan profundas como: ¿me hago una paja?

Hombre, por Dios, José Luis, ¿te piensas que me voy a fiar de los consejos que me dé un señor que lleva un derrape en los calzoncillos y que a sus cuarenta años sigue viviendo con sus padres? «No, es que yo ayudo a la gente a encontrar su camino...». Tienes cuarenta años, haz el favor de abrir Infojobs. «No, es que yo soy coach motivacional». A lo único que me motiva una persona como tú es al suicidio. AL PUTO SUICIDIO. Por gente como tú los Power Rangers decían su color.

Son seres repugnantes que se creen que tienen la verdad absoluta y el conocimiento suficiente como para dar consejos a otras personas por haber estudiado un cursillo de sesenta horas en el programa de desempleados del Ayuntamiento. Por favor, respétate. Es que son muy fáciles de detectar porque acostumbran a ir en traje creyendo que así aumentan la credibilidad de sus palabras, cuando realmente parecen un informático de Alcorcón que se alimenta de san jacobos. De verdad, se creen inteligentes por llevar un traje del Zara sin planchar. Visten peor que Mark Zuckerberg, que parece que siempre vista del catálogo del Lidl.

No tengas una cita en la vida con un coach. Lo digo por tu bien. Porque te va a empezar a comer la olla. Y, sinceramente, si estamos en una cita, a mí no me cuentes la guerra en Siria, que me estás poniendo la cabeza como un bombo. Que si el machismo estructural, que si la generación de cristal... Chica, que te he invitado a un llaollao, ¿quieres Nocilla o Lacasitos? Pero no me pegues esa turra. Además, en sus discursos pedantes que huelen a esmegma sueltan frases como: «Mira en tu interior para saber la verdad». O sea, ¿me estás diciendo que voy a pagar yo para que me sueltes una frase de cualquier canción de Café Quijano? Ojalá algún día tener la seguridad que tienen estos gilipollas para defender sus pensamientos. O la típica de «Si tú quieres, puedes». Uf, no puedo con esta frase. Es que no puedo. Es la mayor mentira de nuestra generación. Tu discurso es viejo y arrugado, como tu escroto.

Ojalá estas personas dieran discursos basados en la vida real.

FRASES MENOS MOTIVADORAS Y MÁS REALISTAS:

- **Todo puede ir a peor.**
- **Sé tú mismo, pero no tanto.**
- **Lucha por tus sueños, que al menos vas a estar entretenido.**
- **La felicidad está en las pequeñas cosas, porque a las grandes no llegas ni de coña.**
- **Aquel barco que tanto querías, finalmente será un hinchable del Lidl.**

El hetero

Aquí no quiero apelar a personas heterosexuales como tales, sino al concepto ONVRE. Un «unga unga», típico onvre asqueroso y primitivo que cada día está más cerca del orangután. Este va a ser el típico que en vuestra primera cita te va a llevar a «un sitio muy bueno que conozco», y ese sitio es el 100 Montaditos.

Ese onvre que va de flipado durante toda la cita y se cree el puto amo, y tú lo único que haces es prestarle atención al pegote de mayonesa que tiene en la barbilla. Pedazo de inútil. Mejor tener una cita con este tipo de engendros del mal en un restaurante sentaditos antes que ir a pasear. Porque ver andar a los tíos heteros es un circo: se creen que tienen los huevos como pelotas de básquet y andan con las piernas tan abiertas que no sabes si están paseando o haciendo el spagat. Súbete los pantalones, Rubén, que te estoy viendo los calzoncillos Uomo que te compró tu madre con doce años.

El simio hetero es algo que odio con todas mis fuerzas. Alguien que cree que todos los maricones están enamorados de él. ¿Qué coño les pasará a los heteros por la cabeza para que piensen que por el simple hecho de ser maricones quieren follárselo? La de veces que me he encontrado yo con comentarios de ese tipo. «Uy, cuidado que ese es gay, vigila que no te la metaaa». Si me gustasen los hombres como tú, me tiraría a un chimpancé con deficiencia mental, que viene a ser lo mismo.

Hay muchos que deben de estar acomplejados porque sus músculos no se marcan lo suficiente y se compran la ropa en el Zara Kids. ¿Esta gente no sabe cuál es su talla o quieren vivir sin riego sanguíneo? Alguna vez he quedado con un chico que tenía complejo de onvre hetero a la hora de vestir. Iba más apretado que los sueldos. Te lo juro, no pude concentrarme durante toda la cena porque me sentía intimidado por sus pezones. Esos pezones no respiraban, sentenciaban.

Puedo llegar a entender que a algunas mujeres os gusten estos simios, porque algunos están buenísimos. Hasta que abren la boca, evidentemente. Que también te digo, tampoco necesito que se sepa la tabla del siete para que alguien me la meta por el culo. Fíjate lo limitados que se les ve desde fuera que he escuchado a amigas mías decir muy ilusionadas: «Bueno, bueno, bueno. Mi chico es un partidazo: sabe cocinar, sabe planchar... Es increíble». Vamos a ver. El hombre que cocina, lava los platos y hace el aseo de su casa es un adulto funcional, no un ser especial.

Es curioso como el oso panda, que es un animal monísimo, está en peligro de extinción y el hombre hetero no. No lo entiendo, y mira que ambos animales se masturban detrás de arbustos. Qué injusta es la vida.

Y ahora no me vengas con el discurso populista, y a la vez ignorante, de: «Uy, Malbert, te estás metiendo con los heteros, estás discriminándolos. No hagas lo que no te gusta que te hagan. Si hicieran esto con los gais, los llamarías homófobos. ¿Tú no eres el que pide igualdad? Pues deberías empezar a respetarla. Meterse con los heteros es igual que meterse con los gais». Tranquilo, bonito, que destruyo tu argumento en un momento. Para empezar, por el simple hecho de ser un hombre cishetero ya tienes privilegios sociales, y que yo haga humor con esto a ti no te va a suponer nada, porque un HOMBRE CISHETERO JAMÁS HA SIDO DISCRIMINADO POR SERLO. Y cuando tú salgas a la calle vas a seguir disfrutando de tus privilegios sin que nadie te mate por ser como eres, sin que te insulten por ir de la mano de tu pareja y sin que te metan un puñetazo. En cambio a mí sí. Por lo que no te compares con algo que jamás serás ni podrás saber lo que se siente. Gracias.

De hecho, uno de mis exrollos actor (no puedo decir su nombre, porque como desvele su identidad no le pillan en ninguna serie más, literal) fue el que me pegó la gonorrea. Lo conocí en un evento donde precisamente había varios triunfitos y alguno de ellos me tiró la caña, aunque luego en público haga como que no me conoce. WELL. En aquel evento, entre copa y copa, pues terminamos en el coche de una amiga suya y claro... Yo cuando vi lo que se escondía ahí abajo dije: «Madre mía, papi, yo tengo la tuerca para ese tornillooo». Pues déjate de fantasías, porque me pegó la puta gonorrea. Nada, unas inyecciones, unos medicamentos y como nuevo. Pero vamos, que me salió caro el puterío.

Semanas más tarde, gracias a una amiga en común, me enteré de que se había acostado conmigo sabiendo que tenía gonorrea y que me la iba a pegar si lo hacíamos. Espero que su próxima película sea el live action de Peppa Pig, PORQUE MENUDO CERDO. El muy hijo de puta no me lo dijo y, por su culpa, tuve que estar dos putas semanas haciendo gárgaras con una especie de medicamento en pomada que luego me tenía que tragar, una cosa asquerosa. Días más tarde, seguíamos en contacto vía WhatsApp, por donde me mandaba fotos y vídeos subidos de tono, así como erótico-festivas... haciéndose una paja, vaya. Y además, yo sabía que esos vídeos se los había mandado a otros también, así que decidí cobrarme una minivenganza, por listo. ¿Tú te crees que vas a jugar conmigo? A ver, querida... ¿Más grande que yo? La Tierra, ¿y sabes qué? LA ESTOY PISANDO. Nada, tan solo hice un pequeño montaje con una captura de pantalla de una página porno, cambié el título del vídeo con Photoshop y puse: SPANISH ACTOR JERKING AT CAMERA. Abajo pegué una captura de uno de los vídeos que me había mandado y aproveché una de las tantas cuentas falsas que tengo para stalkear a los influencers que me bloquean y le envié por privado esa captura con un mensaje:

> Hola, ¿eres tú el del vídeo? Estaba buscando uno para practicar el onanismo y he visto esto. Creo que han filtrado un vídeo tuyo en una web de vídeos porno. Menuda palanca tienesss

Espero que se llevase un susto o, al menos, un amago de infarto al ver que se le podía joder la carrera de actor. Es lo que tiene. Por pegarme la gonorrea adrede. Sorry not sorry.

Si es que lo que no me pase a mí...

Jamás me vuelvo a fijar en un hombre. Bueno. O sea, sí, pero no.

22:30
Martes, 16 de mayo
CAPÍTULO 5
ahora
¿Cómo te llamas?

Por una extraña razón, los seres humanos estamos obligados a hacer cosas totalmente repugnantes como eso a lo que llaman relacionarse. Yo lo llevo mal, entre que odio a medio mundo y que a la otra mitad... pues también. No te voy a mentir. Relacionarme con gente se me da regular, pero no porque yo no sea maravilloso y fantástico, porque lo soy, y tampoco porque no tenga las facultades necesarias. Pero eso de tener que contestar a alguien cuando te habla... en plan, qué pereza. Si ni yo mismo he decidido nacer, ¿qué te hace pensar que voy a decidir escucharte? Y me da igual lo que me cuentes. Una vez, una señora me dijo no sé qué de un marcapasos desconectado y algo de llamar a una ambulancia. No sé, a la gente le encanta pedir cosas. No molesten, please.

Muchas veces las personas se empeñan en inculcarnos que debemos tener muchas amistades, relacionarnos constantemente, conocer a mucha gente, blablablá. Mira, los que dicen eso huelen a humedad y visten como del Natura. No los soporto. Soy muy feliz en la burbuja de desgracias y mierda constante en la que me ahogo cada noche. Pues si se me da regu relacionarme, imagínate ligar.

Me meo siempre que lo recuerdo. Una vez, en una discoteca, fiché a un chorbo que me parecía guapísimo. Y pensé: «Al ataque». Mi mente, de agilidad dudosa, tuvo la brillante idea de tratar de llamar su atención con la mirada. Me pasé media noche mirándolo fijamente de forma sexy y coqueta. Yo veía que el chico también me devolvía la mirada y no me quitaba el ojo de encima. «Maite, mira cómo me mira, ¿eh? ¿Te das cuenta?». Y me decía la Maite: «Ya ves, Malbert, fijo que le gustas mazo. Esas cosas se notan y yo sé ver a través de la mirada. Le has gustado, yo de estas cosas entiendo, hazme caso». Pues a los minutos se acercó su amigo a decirme:

—Oye, ¿se puede saber qué mierdas te ha hecho mi amigo?
—¿Cómo?
—¿Que qué coño te pasa?
—¿Y a tiii, chulito de cara?
—¿Por qué mierdas quieres pegar a mi amigo? ¿Te ha hecho algo acaso?

Pues se ve que mi mirada sexy no era tan sensual como yo creía y el pobre muchacho se pensaba que quería hostiarme con él. Con razón no me quitaba ojo, como que estaba acojonadísimo, ja, ja, ja. El chico terminó huyendo, confirmando así mi gran imán para los hombres y el afinado sexto sentido de la Maite. Te prometo que me gustaría ser más sociable, pero mirar con cara de asco me sale como del alma.

Seamos sinceros: ligar no es tarea fácil. En serio, es muy complicado; literalmente, veo más fácil que Carmen Lomana se haga de Podemos.

En la actualidad existen multitud de aplicaciones para ligar: Tinder, Grindr, Meetic, Badoo, Wallapop... Sí, yo he ligado por Wallapop. Con Jesús, de Almería, que estaba interesado en una mesa de segunda mano y terminó ofreciéndome 30 € por una foto de mis pies. Obviamente le dije que no. ¿Por quién me ha tomado? No por menos de 100 €. Puta pero empresaria.

Sin embargo, antes no era así. Cuando iba a primaria y queríamos ligar con alguien, como mucho nos metíamos en Habbo Hotel a enamorarnos de cualquier monigote llamado _Shu_Rebekitàh_. Una vez, con doce años, me enamoré de una chica a la que no le había visto ni la cara. Se llamaba «Cristini12». La conocí en un chat donde los usuarios éramos pingüinos y teníamos citas en iglúes. Así matábamos nuestras tardes de aburrimiento en los locutorios de mi pueblo. Ya desde bien pequeño, la potra montándose sus propias historias de amor. Hasta escribía en la agenda del cole con bolígrafos de purpurina «Malbert X Cristini12». Y cuando me preguntaban en clase, me hacía la misteriosa: «Una chica que he conocido, pero no puedo contar nada...». Que era una puta pingüina, coño, ja, ja, ja, ja. Ya ves tú, en aquella época mi única experiencia sentimental era como mucho ver *Pasión de gavilanes* y morrearme con el gotelé pensando que era Óscar Reyes.

Hoy en día, creo que en este planeta hay dos tipos de maricones: los que usan Tinder y los que usan Grindr. Luego estoy yo, que uso las dos. ¿Las recomiendo? NO. ¿Las sigo usando? Cada día. Como una puta desgraciada. Se ve que me encanta perder el tiempo contestando a imbéciles a sabiendas de que nunca va a llegar a nada. Ojalá a una paliza, algunos se la merecen. Pero yo sigo ahí, esperando que, algún día, alguien me ame de la misma forma que Aída Nízar se ama a sí misma.

Pegarme la hostia y no aprender is my passion.

A veces pienso: «Oye, pues tampoco soy una basura humana». Luego recuerdo que tengo Tinder y se me pasa. Pero es que solo he sacado desgracias de esas apps. Excepto por el de Wallapop, que al final acepté los 30 €. Te mando un besazo enorme, Jesús de Almería.

A dos de mis ex los conocí por Tinder y ambos me dejaron. Bueno, la pregunta sería: «¿qué ex no me ha dejado?». Ay, de verdad, a veces pienso que he escrito este libro para deprimirme aún más. Qué horror. Bueno, unas veces perra empoderada, otras perra atropellada. Pero siempre PERRA.

Es que no lo entiendo, con lo buen novio que soy yo. Que en ocasiones leo los mensajes y pienso: «Luego le contesto», y el luego se convierte en la semana que viene, pues igual sí. Pedir perdón por no responder y no volver a responder is my passion. Soy de los que te dicen: «Si necesitas algo, llámame, bb». Pero antes de irme a dormir:

En estas aplicaciones me he encontrado absolutamente de TODO. Claro, tantos años arrastrándome como una sanguijuela entre chats de hombres cachondos dan para muchas anécdotas. Tardes infinitas gritando que jamás iba a volver a enamorarme de ningún tío y, minutos más tarde, llorando por lo injusta que es la vida porque Javier de Salou no había hecho match conmigo. Pues Javier, que sepas que me dabas igual, tampoco te necesito. El día que quiera perder el tiempo en cosas que no tienen futuro me meteré en Bellas Artes, por ejemplo.

Hubo una temporada en la que yo tenía una vena de la nariz mal soldada o más sensible de lo normal que, con el cambio de temperatura, a veces me hacía sangrar. Pues una vez, tras pasar la noche con un maromo del Grindr, me desperté como con golpes en el hombro y en la cabeza. Cuando abrí los ojos el muy imbécil me estaba dando golpes LITERALMENTE con una puta escoba, porque por la noche me había sangrado la nariz y al ver todo ese espectáculo de sangre se pensaba que me había muerto. La gente de Grindr es de otro planeta.

Necesito cariño
Me descargo Tinder
Tengo matches
Los tíos son imbéciles
Se me acumulan las conversaciones
Me agobio
Me desinstalo Tinder
De la cárcel se sale, pero de este bucle, NO.

Quizás esto suene un poco discriminatorio, pero depende de cómo escribas, qué palabras uses o cómo utilices los signos de puntuación, yo sé si puedes ser mi novio o no. Tú a mí me llamas «bro», «crack» o al final de las frases utilizas un «hulio» —¿Qué pasa, hulio?, ¿Cómo estamos, hulio?—, y lo siento, pero no mereces derechos. Usar «bro» como coletilla debería ser inconstitucional. Lo siento, Rubén de Alcorcón, sé que quitándote esa palabra igual te quedas sin el 80 % de tu vocabulario y de tu personalidad. Pero, por favor, ni te me acerques, prefiero tener la compañía de una piedra. O la de Pelayo Díaz, que cumple la misma función.

A esa gente que te escribe «Haber, envíame una foto aunque estés en pijama, seguro que estás guapísima, haber mi nena guapa» la quiero matar... en cuanto terminen de sangrarme los ojos. Se me despierta el instinto asesino misteriosamente. «HABER MI NENA» NO, JUAN ANTONIO, «HABER MI NENA» NO. Si no sabes ni distinguir entre dos palabras ¿qué te hace a ti pensar que voy a querer lamerte ese escroto viejo y arrugado que llevas sin lavarte dos semanas, pedazo de cerdo? ¿Tú sabes el dicho de «Primero hay que quererse a uno mismo para que alguien te quiera»? Pues en su caso no sirve. Tú quiérete todo lo que puedas, pero con esa ortografía vas a morir más solo que la una. Por Dios, que existe el corrector. Que sí, que igual el texto predictivo tampoco es la mejor opción, porque a veces quieres escribirle a tu jefe: «¿Arreglaste las mamparas? Eres un valiente», y le envías por error: «¿Agarraste las mamadas? Eres un caliente».

Pero, de verdad, la ortografía es MUY IMPORTANTE. A mí si un chico me dice «Haber si nos vemos», lo bloqueo. Lo siento. «Haber» si nos vemos NO, «haber» si te cortas las manos. Prefiero conservar los ojos antes que seguir leyéndote y terminar arrancándomelos. Una letra, una palabra, un signo de puntuación puede cambiar completamente el significado de la conversación.

Mira cómo cambia la frase cuando le pones la coma:

- **Ojalá me escriba.**
- **Ojalá me la coma.**

Como sé que a veces respirar y pensar a la vez se te hace bola, voy a compartir un recopilatorio de las que han sido mis mejores biografías en Tinder a lo largo de mi vida de solterona, por si te sirven y quieres convertirte en una mujer totalmente exitosa en el amor como yo:

> *“Si tenemos una cita, grabaré nuestros nombres en un árbol. Es la forma más romántica de hacerte saber que tengo un cuchillo.”*

> *“Déjame ser tu Makoke y tú mi Kiko Matamoros.”*

> *“Espero que te gusten las chicas malas, porque yo soy mala en todo.”*

> *“Dos motivos por los que deberías tener una cita conmigo:*
> *Porque soy simpático.*
> *Por favor.”*

Comer comida basura: 7 €
Comerme a mí, que
soy basura igual: 0 €
Tú eliges, bb.

*Sus ex le dieron a Malbert ******
¡5 estrellas!
Marcos dijo: «Malbert es increíble. Aún no sé porqué lo dejamos. Cocina muy bien».
Raúl dijo: «Tengo novio, déjame en paz».
Sergio dijo: «Pero ¿tú eres tonto? ¡¡No voy a escribir una biografía para tu Tinder!!».

Si eres el tipo de persona a la que le gustan los tríos, no soy tu tipo. Si quisiese decepcionar a dos personas a la vez, iría a cenar con mis padres.

Y la mejor biografía, que es la que tengo puesta hoy (no es broma):

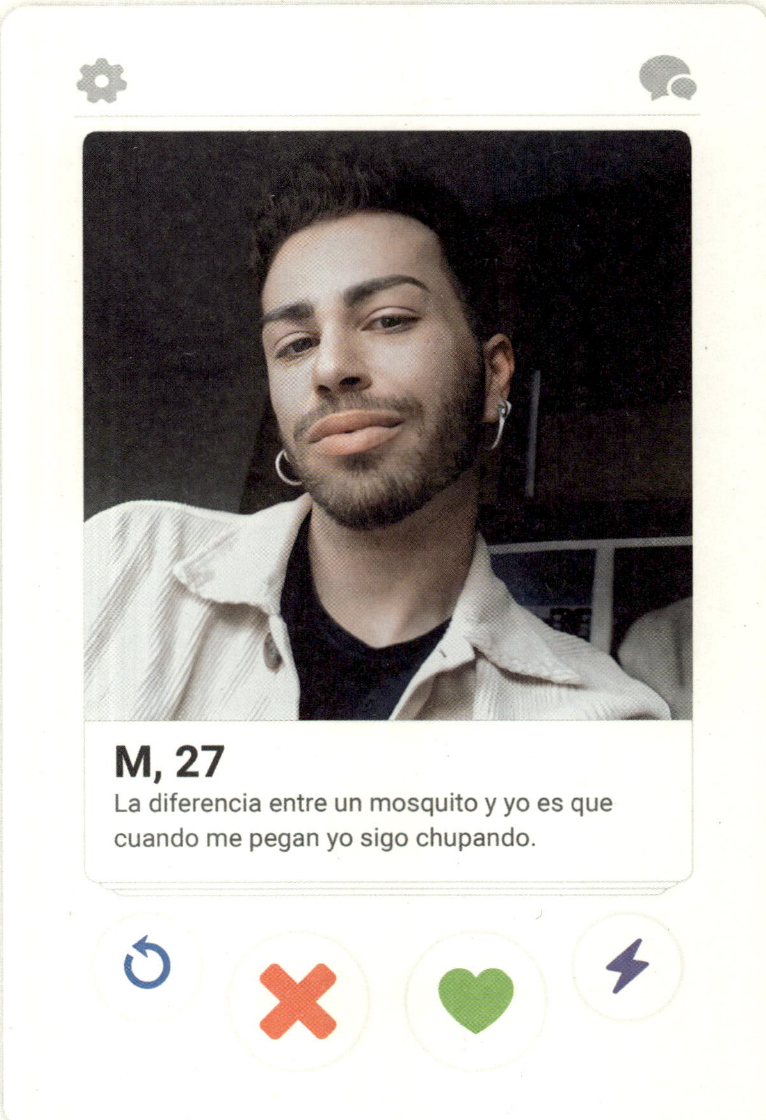

Ahora puede que flipes un poco con los personajazos que me he llegado a cruzar. Pero si estás leyendo este libro es porque te encanta el salseo, la miseria humana y la vergüenza ajena.

Voy a compartir conversaciones REALES de algunos de mis chorbos de Tinder, porque llega un punto en el que ya no sabes si es que la gente tiene las neuronas justas para no cagarse encima o es que debes cambiar y apuntarte a «solteros exigentes».

Titanic

¿Eh? ¿Qué ladras?

Históricamente, esa es una forma perfecta para romper el hielo.

Uy, qué vergüenza

¿Qué pasa?

¿Tú te lees antes de darle a enviar?

Joder... es como un dicho que yo me inventé. Además, lo puse en una de mis canciones.

Este usuario ha sido bloqueado.

Vamos a ver, cantamañanas, déjeme en paz. ¿Tan difícil es abrir una conversación con un «Hola»? Y en el caso de querer ser algo más realista, pues con un «Hola, precioso». Pero este tipo de seres se creen poetas por leer cuatro poemas de Pinterest y escuchar a Carlos Sadness. Mira, Carlos Sadness, no. No hay persona en el planeta a la que haya querido meterle más veces el ukelele por el culo. ¿Hay cosa más asquerosa en este planeta que un hombre tocando un ukelele? Sí, Bertín Osborne. Pero a parte de ese engendro, ukelele que veo, ukelele que quiero destruir. Me ponen de muy mala hostia ese tipo de cancioncillas llenas de falsa motivación positiva y de felicidad impostada. @DavidRees. Luego esta gente es la que más podrida está por dentro. El mundo de las fachadas y las máscaras es terrible. La gente que toca el ukelele es mala y punto. Encima te dicen esas cosas vomitivas del Titanic y romper el hielo creyéndose graciosos. No, Francisco, no eres gracioso. ¿Sabes lo que sí sería gracioso? Que te cayese un piano encima. Con Carlos Sadness dentro. Y fíjate lo que te digo: me encanta la música, la adoro, pero EN LA PUTA VIDA me voy a echar un novio que toque la guitarra. A mí tócame el coño, pero la guitarra no. Soy consciente de que, como bien dice un sabio proverbio: «Nunca digas de esta polla no mamaré», pero aun así, te garantizo que prefiero escuchar «Bajito» de Ana Guerra en bucle y sin pausa antes que tener un novio guitarrero. Quien haya tenido un novio así sabrá de lo que estoy hablando. La guitarra se convierte en un miembro más de la pareja. ¿A la playa? Con la guitarra. ¿A una comida familiar? Con la guitarra. ¿Excursión a la montaña? Guitarra. ¿Al tanatorio? Sin guitarra porque el muerto va a ser él. ¡Por favor! Deja un rato la puta guitarra, joder, o cómprate una maraca, que abulta menos, coño. Que no sé si os habéis fijado, pero este tipo de chicos guitarreros tiene el mismo mal gusto para vestir. Se ponen ropa así como con telas de Desigual y parecen los de Callejeros, y no los viajeros.

Hola. ¿Qué tal, cómo estamos?

Muy bien, tirado en el sofá sofá. ¿Y tú?

Pues igual

A ver, los dos somos feos y supongo que ambos estamos desesperados, quieres ser mi novio?

Este usuario ha sido bloqueado.

Hombre!! Eres la Potra?

No contestas? Que yo no
soy Cepeda, ¿ehhhh?, jejeje

Este usuario ha sido bloqueado.

¿Es posible que me pase la vida bloqueando a maricones? Ni confirmo ni desmiento.

Mira, yo admito que me llames «guarra», pero «feo», no. La ofensa la consiento; la mentira, no.

No sé qué problema mental debes tener para llamarme «feo» a mí, A MÍ. El día que consigas superar la belleza exótica de esta jamelga ibérica, entonces me llamas. Nunca llegaré a comprender a la gente que te menosprecia por tu físico o se ve con el derecho de decirte lo feo que le pareces. Ni que me importase tu opinión. Que ya parecen los de Herbalife persiguiendo a gordas. Es más, la belleza es subjetiva. Siempre lo he dicho: la belleza está en los ojos del que la mira. Y esa visión puede cambiar TANTO y depende de TANTOS FACTORES... Los estándares de belleza europeos no son los mismos que los asiáticos, por ejemplo. Incluso varían estando en el mismo contexto geográfico, pero diferente contexto histórico. En la Edad Media, ver a una persona con el mismo color de bronceado que María Pombo —ese marroncillo supernatural color diarrea de lentejas— era símbolo de pobreza y, por lo tanto, poco bello, ya que se relacionaba con quienes trabajaban en el campo bajo el sol durante muchas horas. En cambio, los blancos eran los más bellos. Las mujeres y los hombres, para tener la piel más blanca, se empolvaban la cara. Aunque hay algunos influencers que actualmente siguen esta tradición en los lavabos de algunas discotecas.

Y por otra parte, si algún día os queréis acostar conmigo, por favor, no mezcléis el trabajo con lo personal. Si estás ligando, no me hables de Cepeda, porque te pego bien fuerte en la boca y no precisamente con lo que te gustaría. Por favor, ¿eh? Es que se me corta el rollo; gatillazo emocional.

Hey! Uuuuuy… qué misterioso...

No se te ven los ojos en ninguna de tus fotos…

Es que soy bizco

Ay, qué lindo

Gracias

Lees bien lo que escribo?

O mejor
escribo así?

Hola, qué guapo 😳

Ostras, disculpa, creo que me
he equivocado al dar match

¿Sabes qué te caería bien?

No…

Un rayo.

A veces pienso que estoy en estas apps por los jajas. Por el cachondeo. Porque si no yo no lo entiendo.

Aún recuerdo cuando me encontré en Tinder a mi primer novio, el tóxico manipulador al que pillé poniéndome los cuernos en un cuarto oscuro con su compañero de curro. Había pasado un año de nuestra ruptura. Pero yo no perdono. Ser una puta rencorosa que, por mucho tiempo que pase, voy a sacarte en cualquier conversación todo el daño que me hiciste hace diez años es una personalidad y es la mía. No me escondo. Ya sé que perdonar es sano, que el karma existe, blablablá. Mira, por mucho que el karma le devuelva todo el daño que me hizo, personalmente, a mí no me satisface de la misma forma que si lo puteo yo. Luego igual el karma me lo devuelve a mí, pero va a ser difícil joderme; ventajas de estar siempre en la mierda. Es difícil ir a peor. Con el tiempo decidimos coger caminos distintos. Yo elegí seguir hacia delante.

Cada día lo tengo más claro: los ex no vuelven por amor, vuelven por costumbre. Y de verdad te lo digo, odio a la gente que da consejos, pero yo te daré uno muy útil: NO VUELVAS CON NINGÚN EX. Sé que a veces es difícil, porque muchos son como los baches en la carretera, que tratas de esquivarlos pero siempre terminas botando encima. Pero no. Los ex solo sirven para reírnos de ellos y siempre es un buen momento para devolvérsela a un ex.

¿Sabes qué te caería bien?

Me arrepiento de haber sido un capullo, la verdad. No volvería a hacer lo que pasó en aquel cuarto oscuro. No esperaba encontrarte ahí dentro gritando y dando vueltas con la linterna del móvil.

¿Te gustaría volver?

Cómo...?

Quieres volver sí o no?

Pues sí, no te lo voy a negar…

Envía SUEÑO al 7745

Eres imbécil, que sepas que nunca vas a encontrar a nadie como yo

Es que esa es la idea. Un beso, guapeeeeee

Pero ¿por qué siempre vuelven a aparecer los ex? Son peores que una mancha de semen en la ropa negra: no se van nunca. Lo de la mancha lo sé por una amiga que me lo contó, ¿eh? Pero por favor, olvídate de mí. Te desearía lo mejor, pero ya me tuviste. Acéptalo de la misma forma que yo acepté que me equivoqué. Tú no eras para tanto ni yo para tan poco. Te vi tan diferente al resto... y ahora eres tan el resto.

Igual ahora vas a flipar, porque si no estás muy metido en el mundo del mariconismo, esto lo mismo te sorprende. Los maricones no tenemos suficiente con ser unos putones por una aplicación, sino que necesitamos serlo por dos. Grindr es UNA FANTASÍA. Viene a ser un Tinder pero exclusivo para gais y enfocado quizás a tener encuentros íntimos más erótico-festivos. Pa follar, coño. Pero es una fantasía, porque aquí las cosas van PIM-PAM. Sin rodeos. ¿Quieres follar? Dime dónde y cuándo. ¿Cómo te llamabas? No te lo había dicho aún. Ah, bueno, pues a las cinco estoy allí. Y si te he visto ni me acuerdo.

No estoy exagerando. Y me parece una forma perfecta para no perder el tiempo en conversaciones vacías que no llegan a ningún sitio. A veces la gente solo ve agujeros en esta aplicación. Y parece que va cachondísima al nivel de estar más caliente que el palo de un churrero. Como pata de perro envenenado. Bien tieso todo. Porque además, algo que me fascina son los nombres de perfil: nunca defraudan. Esto de tener que resumirlo en pocas palabras es maravilloso. Los maricones, si algo tenemos aparte de buen gusto para vestir, es creatividad:

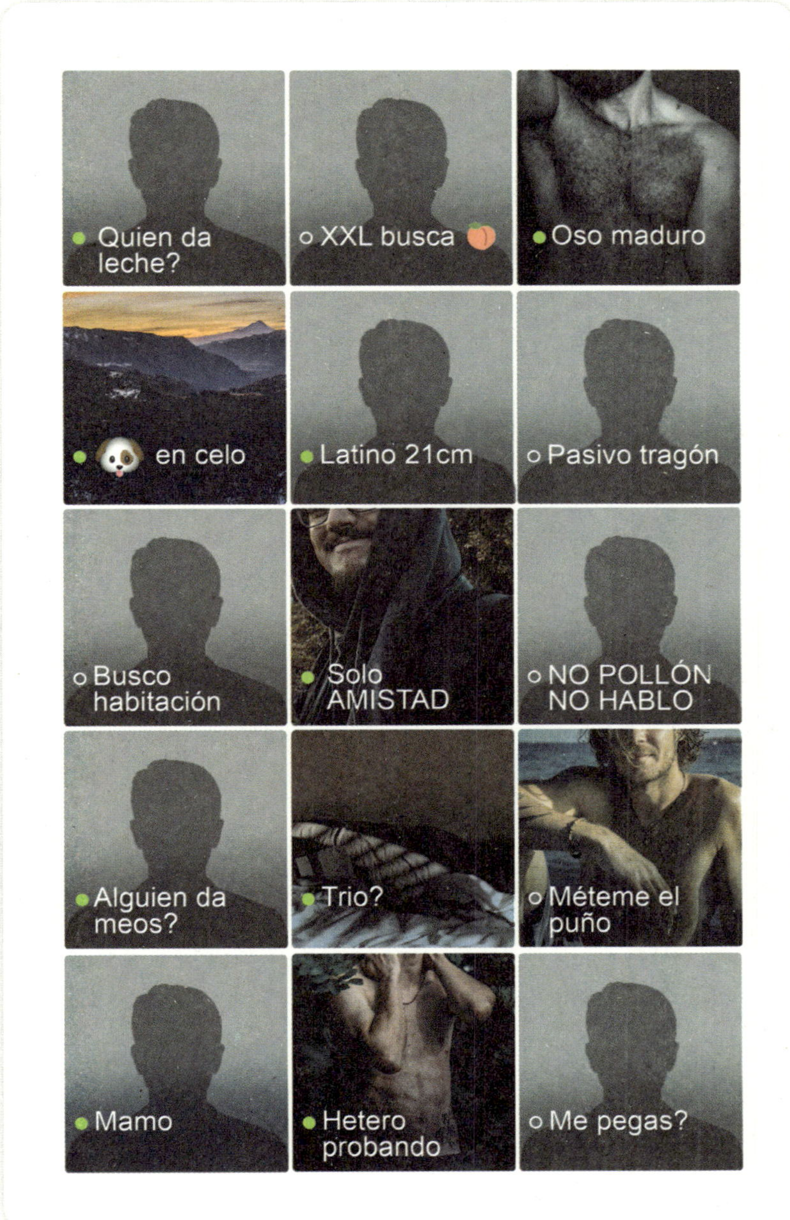
Quien da leche?
XXL busca 🍑
Oso maduro
🐶 en celo
Latino 21cm
Pasivo tragón
Busco habitación
Solo AMISTAD
NO POLLÓN NO HABLO
Alguien da meos?
Trio?
Méteme el puño
Mamo
Hetero probando
Me pegas?

Os juro que este es un breve resumen de lo que sueles encontrar en la aplicación. En mi pueblo, el «hetero probando» lleva mmm... un año probando. Se ve que no está convencido.

Desde abuelos con gustos sospechosos a adolescentes más salidos que el pico de una plancha y gente con fetiches muy muy extraños. A mí uno me pidió cagarme en su pecho. Así, tal cual. Un pastel en to lo alto. PATAPAM. Mira, no. Yo me cago en tus muertos, pero encima de ti no. A la gente les encanta ser literalmente unos comemierdas. Puedo llegar a entender los fetiches de los pies —como el de María Patiño, que le encanta chupar pies—, pero uf, no más. No sé yo si ahora soy una conservadora, pero esta gente que se mea encima o hace cosas raras... en plan... ¿Todo bien en vuestra infancia? ¿Os faltó aire al nacer?

Gays en TV:

Gays en la realidad:

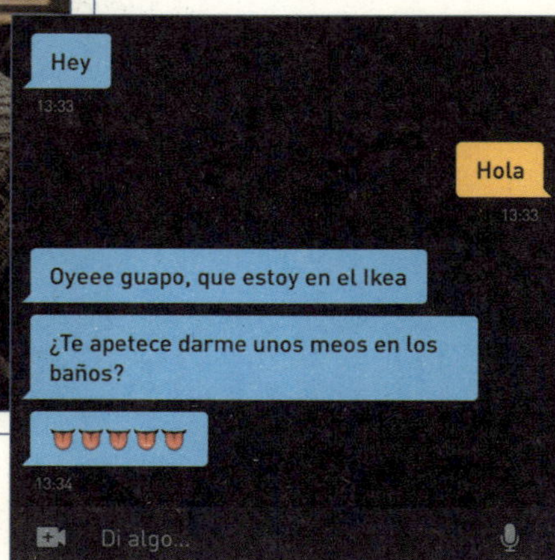

Y las conversaciones tampoco tienen desperdicio. Tengo una carpeta en el móvil con capturas de las conversaciones más surrealistas porque sabía que algún día me servirían de algo. Y este es mi momento: el momento de lucrarme de la estupidez ajena.

PERFIL METEORÓLOGO:

Hace mucho frío hoy

Podríamos calentarnos con algunos mensajes 😙🔥

Enséñame algo

¿Quieres ver algo que te puede poner muuuuuy caliente?

Mmmmm, sí

Pues a mí el calor me encanta

Dioss, yo lo odio, jaja

Cuál es la temperatura perfecta para ti?

No sé, 18 grados o así

la tuya?

La que hay en el interior de tu culo

PERFIL ENSAIMADA:

Hola

te va hacer scat?

Qué es eso?

Scat es un morbo

Qué asco hijueputa

conmigo no cuenteesss

PERFIL ESPERANZA GRACIA:

Y qué horóscopo eres?

Capricornio, y tú?

Uf, lo siento

Eh?

No, no, yo con capricornios nada

Un placer

Mira, para ahorrarte dolores de cabeza, y después de haber leído muchos horóscopos de la Vogue, he llegado a una conclusión de cuáles son los peores signos de los que jamás debes enamorarte. Te dejo aquí el listado, que seguramente me vas a agradecer:

Peores signos de los que te puedes enamorar

Aries hombre

Leo hombre

Libra hombre

Escorpio hombre

Sagitario hombre

Capricornio hombre

Acuario hombre

Piscis hombre

Virgo hombre

Cáncer hombre

Tauro hombre

Géminis hombre

PERFIL LUIS FONSI:

Hola

Hola

Hola

Hola

Hola

Hola

Qué silencioso eres

Hola

Hola

(Él no se da por vencido).

PERFIL PACO RABANNE:

Hola

1,84

81 kg

19 cm

Pero ¿qué quieres, que te confeccione un traje o algo?

PERFIL ARAMÍS FUSTER:

Hola! Mira, soy clarividente, puedo ver enfermedades o problemas de salud por medio de una foto testicular que en exámenes médicos no se pueden encontrar

No cobro nada, solo me gusta ayudar.

PERFIL INSEGURO:

Ey

Buenas

¿Qué tal, guapo?

uy ese silencio…

¿Te molestó algo de lo que dije?

Mil disculpas de verdad

tío, lo sientoooo

Estaba cagando, dime

PERFIL BUSINESS:

Te interesan los tokens?

No sé qué es eso, pero no me van los fetiches raros

Es como un tipo de cristomoneda,
pero existen muchas más

Y eso qué es? Con lo que compra el agua bendecida Jesús?

Criptomonedas.* Perdón, el corrector

Ah, muy bonito

MoneyBase es un portal donde puedes comprar y vender tokens

Y puedes conseguir algunos gratis

Pero quieres venderme algo o cómo?

Biblia ya tengo y no me la creo, ¿eh?

Te estoy dando la posibilidad de aprender

Y lee un poco la Biblia, que los problemas del hombre siguen siendo los mismos

La Biblia = los libros

Demagogia conmigo, no, ¿eh, Juan? ¡Demagogia conmigo, no!

Eso es de *Aquí no hay quien viva*?

Sí, esa es mi Biblia

Bueno, te voy a pasar el link de la promo. No tienes que comprar nada y en veinticuatro horas podrás hacer cursos gratis y te regalan tokens

Solo necesitas tener un JASP

¿No vale con ser de Murcia?

En Grindr te dicen que les esperes a cuatro patas con la puerta abierta y a la vez te invitan a participar en una estafa piramidal. Sin duda, una app muy versátil.

Mi pueblo tiene apenas diez mil habitantes. La probabilidad de que haya algún churumbel que me guste, sea maricón y no un anciano del pleistoceno, son muy bajas. Y claro, a mis veinte años todos los que había en mi pueblo o ya me los había tirado o no me gustaban. O incluso ambas, ja, ja, ja. Y yo eso de repetir polvos... como que no lo veo. Yo solo repito de gofres con Nutella.

Es que esto de los maricones de pueblo es una cosa que no entiendo. Una vez sin querer me follé a un chico. Bueno, sin querer..., en plan, que hablando, hablando pues a la que me di cuenta, entre risa y risa, en la boca tenía su longanisa. Y yo ya vi un poco raro eso de que me hiciese entrar en su edificio con gorra, y al terminar me echó de su casa como muy rápido. Pues a los pocos días me lo crucé por el centro de la mano de su MUJER y CON UN HIJO. ¿Me explicas? Se me quedó una cara... ¡Que iban los dos de la mano y con el carro del niño! No pude evitar sentirme fatal al ver la cara de su mujer; al pensar en la forma en la que el cerdo ese estaba engañándola, y yo siendo partícipe de ello sin saberlo... Pues esa misma noche le escribí cabreado para decirle que me parecía de muy mala persona hacerle eso a su mujer y, bueno, volví a tirármelo sin querer. EL HETERO. Sí, el hetero de mi coño.

Hace cosa de un año, estaba trabajando en casa editando mis vídeos de YouTube. Eran las ocho de la tarde y llevaba todo el puto día metido en el ordenador. De esas tardes en las que yo era más dolor de espalda que persona. Tenía menos movilidad que Mariah Carey en un concierto.

Recibí un mensaje en Grindr: «Hola, guapo». No sabía ni quién era ni qué quería, y yo pensando: ¿guapo de qué? Este debe ir muy cachondo, porque no tengo ninguna foto de perfil. Le contesté con un «Hola», ella interesada pero no mucho. Él tampoco tenía foto, pero como buena investigadora del CSI que soy entré en su perfil para ver qué información me ofrecía. Fue justo ahí cuando el primer dato que encontré me tiró para atrás completamente... Edad: 40 años. Ufff... Me gustan mayores, pero tampoco concibo acostarme con Jaime Peñafiel. Y no estoy diciendo que cuarenta me parezca muy mayor. Pero ya conocemos estas aplicaciones de ligoteos en las que los que tienen treinta y cinco años se ponen veintinueve; y los que tienen cincuenta se ponen cuarenta y uno. Me da mucha rabia este tipo de gente. Como si no notásemos su afán por aparentar ser más jóvenes con sus estilismos compuestos por camisetas de básquet sin mangas, bermudas y gorras hacia atrás. ¡Ay, qué jovenzuelo! José Manuel, sigues teniendo cuarenta tacos, deja de vestir como Guille de *Los Serrano*.

Aun así, esa era la primera vez que aquel perfil me escribía un mensaje y tenía curiosidad por saber quién era. ¿Maricón nuevo en el pueblo? Malbert tiene que estar enterado.

Seguí leyendo los datos del perfil. Altura: 185 cm; actividad: deportista; rol: activo; complexión física: musculado. Pfff... es que con esos datos podía ser perfectamente o Ricky Martin o Kiko Matamoros. Y en el caso de ser el segundo, prefiero acostarme con Tuntankamón, que viene a ser lo mismo pero sin respirar. Decidí tomar una decisión arriesgada y seguí contestándole. Me encantan las aventuras peligrosas. ¡Ay, qué loquita!

Hola Guapo

¿Eh? ¿Qué ladras?

¿Qué tal?

Muy bien, y tú?

Genial.

¿Qué te trae por aquí?

Mi homosexualidad

Pero ¿buscas sexo?

Pero ¿tú tienes alguna foto de ti?

Sí, pero busco discreción… por favor

Ok, sin problema

Vale, cómo te cuento que, tras ver su foto, literalmente ME ENAMORÉ. No era Kiko Matamoros, ¡¡¡Era Ricky Martin!!! Que estaba buenísimooo. No te voy a mentir, la foto que me envió provocaba miedo y seducción a la vez. Entre que era un selfie un poco desenfocado y que con su mirada no sabías si te iba a pegar un buen meneo o a robar la cartera... Pero estaba muy bueno. Típico padrazo de cuarenta años, musculado de gym, alto, moreno y con unos brazos más grandes que mi cabeza. Aun así, una que ya tiene experiencia, pensó que podría ser un catfish y que el de la foto no fuese él. Soy capaz de creerme que estoy hablando con Ricky Martin y, en realidad, es un viejo más arrugado que el escroto de Julio Iglesias. Volví a mirar la foto con detenimiento y me fijé en un dato clave (madre mía lo que hay que hacer para echar un casquete, ¿eh?): tenía un tatuaje en el hombro. Le dije: «Eres muy guapo, pero no me suenas. Me gustaría comprobar que el de la foto eres tú de verdad. ¿Podrías mandarme una foto haciendo el símbolo de la victoria con los dedos y que se vea tu tatuaje?». Llego a ser él y me mando a la mierda. Aquí intentando meter el cimbrel en una madriguera y el tontopollas este me pide que le pase una foto con los dedos como si fuese un ciudadano asiático fotografiándose delante de la Sagrada Familia. Pues lo hizo. ¡PUM! Que sí, que era él. Me cago en la hostia. Y lo que era mejor aún: cuando yo le mandé una foto mía, no me reconoció. No sabía que yo era la mamarracha exitosa que insulta por internet, autora del best seller *No insultes, gilipollas.*

¿Quieres quedar entonces?

No estaría mal

Te envío mi ubicación, que hay un parque justo delante. Estaré paseando a mi perra y, si quieres, nos encontramos allí. Si nos gustamos te invito a subir, ¿ok?

Perfecto, dame 10 minutos

Imagino que estarás pensando: «Qué frío todo». Bueno, chica, ¿sexo y amor? ¡¡NO SE PUEDE TENER TODO EN LA VIDA!! Hay que aprender a conformarse. Aunque, bueno, ese encuentro no creo que fuese tan frío, porque... yo... no sé... Estaba empezando a sentir cosas. Tampoco os puedo decir que estuviera enamorado, aunque bueno, un poco sí. Es que notaba una conexión en nuestra conversación. Como que había feeling. «¿Traes tú los condones?» «Sí, me hago una lavativa y salgo». «OK, avisa». No sé, parecía que la conversación fluía sola.

Aun así, estaba CAGADÍSIMO. Por muy guapo que saliese en las fotos, esa mirada daba un poco de miedo. Tenía un perfil de expresidiario. Lo único que yo tenía claro es que aquella noche iba a volver a casa en camilla; la duda era que no sabía si por una paliza o por un buen polvo. La fotografía no me transmitía muy buen rollo. Él era bastante mayor, mucho más fuerte que yo y, por muchas cosas que yo sintiese gracias a nuestra filosófica conversación, no le conocía de nada.

Tenía miedo y estaba bastante nervioso; por unos segundos dudé si ir o no, pero el puterío siempre gana.

Me limpié superrápido todas las partes del cuerpo presuntamente lamibles, me puse un poco de corrector, unos toques de colonia (dos flus en el cuello y uno en la entrepierna, no más, que se trata de seducirlo y no de marearlo) y fui a por el coche.

Mientras conducía, el corazón me iba a cien. Notaba los latidos en la frente y el tic nervioso del párpado derecho iba al compás. Os juro que en estas situaciones me pongo atacadísimo. Que empiezo comiéndome las uñas y termino atragantándome con el codo. Pero es que la sensación de cometer locuras de este tipo ME ENCANTA. Una vez, uno de mis ex me dijo: «La vida es para los valientes», y desde entonces cada vez que dudo si hacer algo, me lo repito. Aunque sea para follar. «Malbert, la vida es para los valientes, déjate perforar».

Cuando aparqué, me di cuenta de que ese parque estaba muy oscuro. Eran las nueve de la noche y, sinceramente, como me pasase algo allí, nadie se iba a enterar. Ella dramática pensando que una banda de la mafia rusa le va a quitar los órganos cuando en realidad solo quieren profanarme el trasero. Pero aun así, a esas horas y con tan poca luz, me daba bastante mal rollo. Y que ese hombre tenía unos brazos que, como me metiese una hostia, me empadronaba en Bilbao.

Hacía mucho frío, y desde dentro del coche no conseguía ver a nadie paseando un perro.

Mis nervios aumentaban.

Pero como soy una persona con recursos, por si me pasaba algo, decidí informar de mi situación (puede que peligrosa) a la persona que podría sacarme de allí.

Maite, tía, que he quedado con un chico de Grindr, bueno un señor, y me da algo de miedo

Estoy esperando en el coche un poco cagado

Por si pasase algo, te mando una foto suya. No te asustes que sé que da un poco de miedo

Maite
UUUUUUUHHHH tíooooo,
qué miedo, pero qué haceees?
Tú vas cachondo perdido, ¿eeeh?

Te envío también la ubicación

Si ves que en dos horas no te he
dicho nada, envíame un mensaje

Si no contesto, llama a la policía
y entrégale esos datos

chaoooo

Os juro que le mandé esos mensajes a mi amiga la Maite la del barrio. Llamadme exagerado o lo que queráis, pero nunca se sabe lo que puede pasar. ¿A cuántos gais han engañado en supuestas citas de Grindr y, cuando llegaban al lugar, se han encontrado a varios chicos dispuestos a pegarles una paliza? Muchísimos. Para que luego digan que la homofobia ya no existe.

Salí del coche y me metí en aquel parque tenebroso. Era de noche y aquello estaba oscuro. Tan solo se escuchaban mis pasos en la arena y algún que otro sonido entre los arbustos. Me acojonaba con cada ruido. La realidad: una rata corriendo entre las hojas. Mi mente: el asesino saldrá de detrás de los arbustos en cualquier momento.

Hasta que por fin, a lo lejos, vi a un señor con un perro. Era él. Parecía algo más bajito de lo que me había imaginado. Me acerqué poco a poco tratando que no se notasen mis nervios. Ante mi sorpresa, vi que se volvía, me miró y empezó a andar en dirección contraria. Extrañado, vi como poco a poco empezaba a marcharse. Yo seguí andando hacia él un poco más deprisa, porque no entendía nada. Era muy tarde y tampoco le iba a pegar un grito en mitad del parque. Aquello parecía el pilla pilla hasta que, a pocos metros de alcanzarlo, me di cuenta de que la miopía me había hecho perseguir a una señora en batín que paseaba su chihuahua. ¡Que me había equivocado, maricón, ja, ja, ja, ja, ja, ja!

Le escribí por la aplicación: «Oye, ¿dónde estás?». Al fin lo encontré, estaba detrás de una fuente. Le di dos besos y literalmente me quedé ALUCINANDO. ¡QUÉ HOMBRE! Típico cuarentón musculado, alto, de portada de la revista *Men's Health*. En plan, pégueme, por favor. Ahógueme, señor. Hasta le doy las gracias. Es que no era el típico niñato mono como eran mis ex: era UN HOMBRE. Un brazo suyo eran dos piernas mías. ¡AHÓGAMEEE! Ay, Dios, y qué hombre, qué papi, qué TODO. Para que lo visualices, era estilo Miguel Ángel Silvestre. Imagínate mi cara, o sea la pepitilla me hacía pepsi-cola.

Mis inseguridades empezaron a ofuscar mi mente: «Es demasiado guapo para ti. No le vas a gustar. No te va a invitar a su casa. No tienes un cuerpo fitness como él. Seguro que busca otro tipo de chico».

Tampoco tenía tiempo para ponerme a discutir con todas las voces de mi cabeza, así que de perdidos al río. Como en *La ruleta de la suerte*, aquí hemos venido a jugar, ¿no? Pues a por el bote. Que si me rechazaba tampoco pasaba nada. A mí ese tío buenorro, precioso y aparentemente perfecto de cuerpo esculpido por manos griegas tampoco me importaba tanto, aunque fuese el prototipo perfecto de padre de mis hijos. Tampoco era para tanto.

Empezamos a hablar y me contó que el perro que estaba paseando era de sus dos hijas pequeñas, que le habían convencido para adoptarlo. Estaba divorciado de su mujer desde hacía dos años y había salido del armario hacía poco tiempo. Seguro que para casarse ahora conmigo. Madre mía, qué guapo era. Le pregunté a qué se dedicaba, dato importante, porque yo un novio pobre no lo quiero. Querida amiga: cásate con uno rico, porque al final todos son infieles, pero mejor llorar en Dubái que en Murcia. Eso es así. Yo no quiero pasarme siete años de mi vida lamiendo un escroto que no me va a dar dinero.

Muy atento escuché todo lo que me contaba. Que era ingeniero y trabajaba en una empresa de no sé qué mierdas. Yo escuché «ingeniero» y mi cerebro ya escuchaba las campanas de boda.

Obviamente me dijo: «¿Y tú?». Y yo, misteriosa, le contesté: «Me dedico a la comunicación audiovisual». Chica, tampoco te voy a contar mi vida, que no quiero que sepas que soy MALBERT, alias LA POTRA, autora de *No insultes, gilipollas* y *Puto amor*, libro del que por cierto vas a ser protagonista en uno de sus capítulos. Pues no, no procede contarle tanto.

Tras un paseo que duró varios minutos, me pareció un tío muy simpático y agradable, y me preguntó: «¿Quieres subir a casa?». ¡AAAAAAAAAAAAH! ¡SÍÍÍÍÍÍ QUIEROOOOOO! TE AMO, TE AMO, TE AMO, TE AMO, TE AMO, TE ANO, TE ANO, TE LAMO, TE LAMO EL ANO.

Entramos en su casa y tenía fotos de sus hijas en el recibidor. «Qué monas», le dije. «No grites, que están durmiendo», respondió. ¿¡¿¡CÓMOOO!?!? ¿QUÉ MIERDAS ME ESTÁS CONTANDO? ¿Que me has traído a triscar a tu casa con tus hijas sobando? ¿Estamos locos? Pero ¿por quién me has tomado? Bueno, eso lo pensé y ya, ja, ja, ja. El moralismo se me pasó rápido. Sí hombre, iba yo a desperdiciar semejante escultura griega por hacer caso a mis principios. No, no, no, ni loco. ¡A chuparla mis principios! Bueno, a chuparla YO. JA, JA, JA, JA, JA.

Aquel piso tenía dos plantas y me dijo que ellas estaban en el piso de arriba. Me quedé algo más tranquilo.

Nos fuimos a su dormitorio y aquello fue... aquello... UF. ¡QUÉ FESTIVAL! ¡QUÉ LOCURA! Unos besos, una pasión, unas caricias, unas bofetadas dadas con un gusto... Una potencia... Prácticamente, sus labios carnosos no me dejaban respirar. Pierna pa arriba, pierna pa abajo, del revés, contra la pared, sin tocar el suelo... ¡QUÉ BARBARIDAD! Ahí no había gravedad. Aquello parecía el Circo del Sol. Impresionante. Muuuy bueno. Con él aprendí que no importa lo grande ni lo grueso, sino lo que dure tieso.

Una vez terminamos, me puse los pantalones y, sin camiseta, le acompañé a la cocina a por un vaso de agua. Estaba ahogado y sediento de tanto ajetreo. No había hecho tanto ejercicio desde el test de Cooper en cuarto de la ESO. Mientras me bebía el vaso de agua como si no hubiese un mañana, escuchamos de fondo una vocecita:

—¿MALBERT?

Nos giramos de golpe. Se hizo el silencio.

—Papá, ¿qué hace Malbert en casa?

...

Me quedé en blanco. Una de las niñas se había despertado y estaba frente la cocina en pijama.

—¿Qué dices? No, no, estás soñando, vuelve a la cama, corre.

—Papá, ¿puedo hacerme una foto con él, porfa?

—Ya mañana, corre, ve a la cama.

Imaginaos mi cara ante esa situación: O.O. Estaba flipando.

Cuando volvió, me dijo: «¿Por qué te conoce y cómo te ha llamado? ¿Como te llamas?».

Y yo pensando: y lo preguntas ahora, guapito de cara, ja, ja, ja. Después de hacerme el *Kamasutra* entero, va y se interesa por cómo me llamo. Qué romanticote.

Tuve que marcarme un Hannah Montana, desvelar mi verdadera identidad y decirle que era famosa. Que hacía vídeos para internet y, por la edad de sus hijas, seguramente eran seguidoras mías. Pero, o sea, QUÉ CUADRO. Imagínate tú ser fan de Beyoncé y que un día por la noche te la encuentras medio en cueros en la cocina de tu casa. Y sí, me estoy comparando con Beyoncé. Pero es que aquello fue TAN pero

TAN RANDOM... El papi ignoró la situación un poco y me fui a casa. Justo antes de decirle adiós, le pedí el número de teléfono, pero me dijo que buscaba discreción y que prefería hablar por Grindr.

Como era de esperar, minutos más tarde de llegar a casa, su chat desapareció. Me había bloqueado. Imagino que, si buscaba discreción ya que acababa de salir del armario y yo era famosa, la cosa no cuajaba mucho. Pero no sé, soy algo más que un personaje de internet. La profesión de alguien no debería guionizar siempre su vida, aunque imagino que a veces eso debe ser como el querer regalar un bozal a Tamara Gorro cada vez que habla: algo inevitable.

Me sentí un poco triste, porque tampoco entendía cómo no me dio una segunda oportunidad fuera de la cama, con la gran compenetración que ambos sentimos entre aquellas sábanas. «Yo sé que la vida es dura, pero la verga también y tú la aguantas y te gusta. Así que ánimo, mi vida, ánimo», me dije a mí mismo. Aún así me sentía poco realizado o no todo lo feliz que yo esperaba ser. Puedo llegar a ser —y soy— algo más que un polvo. No puedo decir que me sentí utilizado, porque ya sabía a lo que iba. Aun así, para mí el placer no era suficiente. Necesitaba más. Y no me refiero a más pollazos, sino a algo más. Me daba la sensación de que, con cualquier chico con el que lograba un mínimo de contacto, mi cabeza me decía: «Aférrate a él». Y no. No está bien imaginarte un futuro con alguien a quien acabas de conocer. Y menos si ni te ha preguntado el nombre antes de quedar.

El amor no correspondido es una mierda... pero eso no significa que, en el futuro, alguien no se vaya a enamorar de ti con la misma intensidad.

Nunca más volví a saber de ese dios griego, mi futuro marido. Un matrimonio arruinado por el fanatismo de una seguidora. Yo de verdad que no puedo con la vida.

Aun así, me quedaré con lo bueno: imaginarme su cara cuando, al día siguiente, su hija le debió de decir: «Papá, ayer soñé que estaba Malbert sin camiseta bebiendo agua en la cocina de casa». Y que el otro respondiese: «¡Anda, niña, no digas tonterías!».

El amor no está hecho para mí.

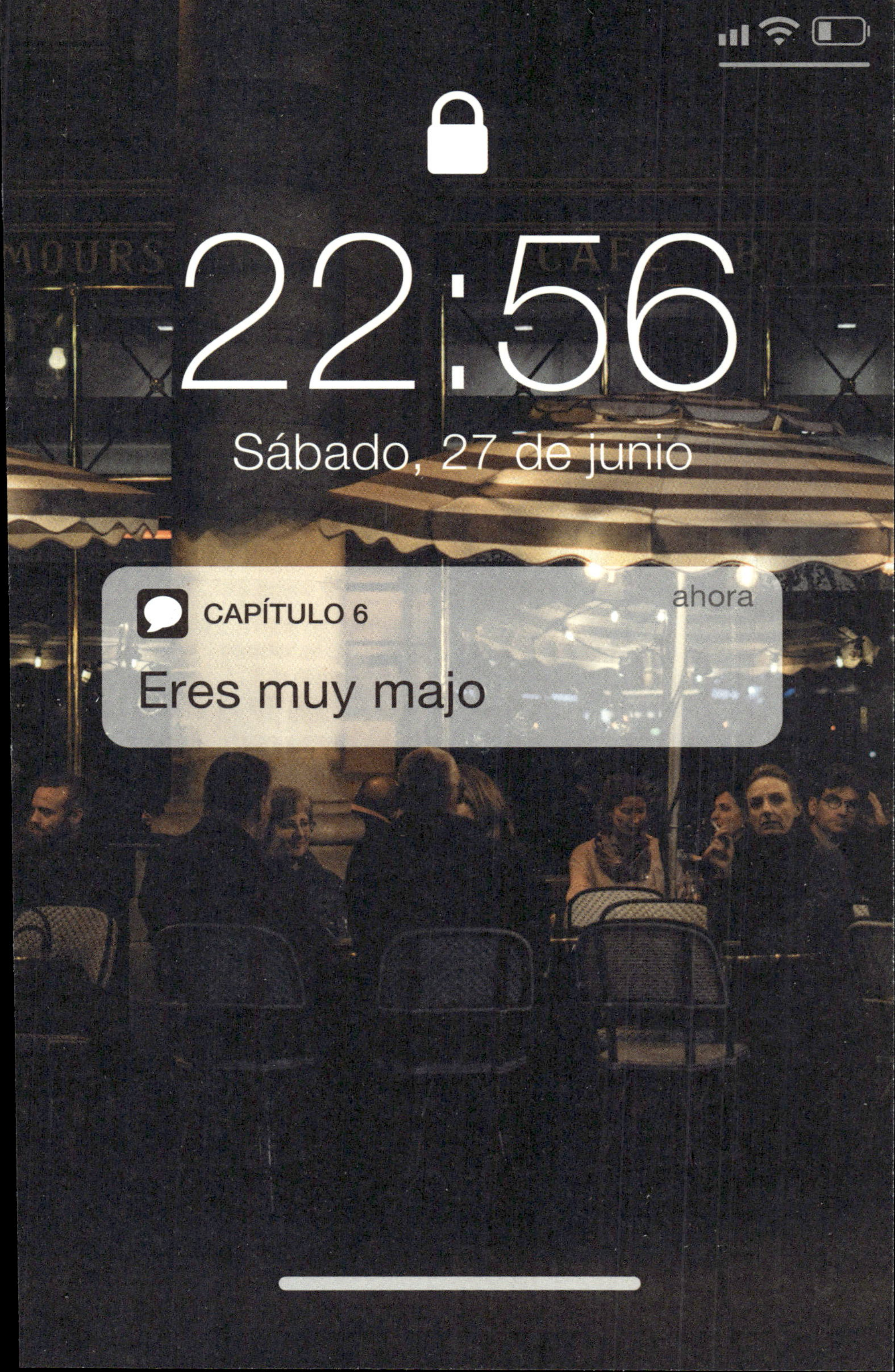
22:56
Sábado, 27 de junio
CAPÍTULO 6
ahora
Eres muy majo

Una de las cosas que más he echado de menos a lo largo de mi extensa carrera sentimental es el romanticismo. Pero el de verdad. El apuesto galán que te cautivaba los oídos con su compleja palabrería. La figura del poeta que te enamoraba con tan solo una frase. Ese hombre que, para seducirte, es capaz de recitarte elegantes y delicados piropos como: «Tú con tantas curvas y yo sin frenos». «Te daba un viaje de ida y vuelta a Cuenca pasando por Albacete». «Quién fuese cereal para que me dieses tu leche». «En el cielo, las estrellas; en las playas, las gaviotas; y en medio de mis piernas, rebotando tus pelotas». ¿Tanto pido? El romanticismo se está perdiendo.

Quizás ahora estaréis pensando que estoy de coña, y no, no lo estoy. Sé que hay gente que está harta de ser sexualizada y objeto de deseo. No es mi caso. Yo quiero que me sexualicen. QUIERO QUE ME PUTOSEXUALICEN. ¿Cuál es el problema? Que soy gracioso. Este es un pensamiento que me acompaña desde bien pequeño. Cuando iba a primaria, como en toda clase, había un grupo de chicos guapos en el que yo nunca estuve. También he de decir que mis greñas rizadas, el piercing en la ceja y mis estilismos de cani extremo igual no ayudaban. Mi referente estilístico era Diego de 3+2, con eso te lo digo todo. Pero tampoco estaba en el grupo de los feos de la clase, sino en medio. Pero eso era lo peor que me podía pasar porque, si estaba en el de los feos, pues como que podía asumir que ninguna de las chicas iba a prestarme atención; y, si estaba en el de los guapos, sabía que podrían fijarse en mí. Pero estar en medio siempre era como el comodín: si todos los guapos estaban pillados, para no ir a por los feos, venían a mí. ¡Qué romántico todo! Yo era como Ayuso para la política: la última mierda. Cansado de ser siempre la última opción, había algo que me molestaba aún más. Algo mucho peor que se me quedó grabado para toda la vida, la frase que más escuché durante mi adolescencia.

—Pero ¿a ti te gusta Malbert? —le decían mis amigos a la chica que me gustaba.

—Bueno... ES MONO.

ME CAGO EN TU PUTA MADRE. Perdón, perdón. ¿«Mono» de qué? ¡¡DE QUÉÉÉ!! Pues nada, tírame cacahuetes y a ver si aplaudo con unos platillos. Es que os juro que me lo decían absolutamente todas las chicas, TODAS. Prefería un «eres un orco de Mordor, que no te toco ni con un puntero láser a tres metros, bicho», antes que un «es mono». Es que era como: «Guapo no es, es gracioso, pero como tampoco es feo del todo, pues bueno, le damos un punto por majo». Dios, no había cosa que me diese más rabia. Yo pensaba: a ver, o te gusto o no. Pero no me digas que soy mono por el simple hecho de que te haga gracia o te caiga bien, porque si pretendes salir con alguien que te cuente chistes, cásate con José Mota, yo qué sé. Ah, perdón, que he dicho que haga gracia. José Mota no cuenta. Cepeda. Ese sí que es gracioso. «Cantante», se hace llamar. JA, JA, JA, JA, JA. Es que tiene una guasa el tío...

Esa frase estuvo acompañándome durante muchos años y, desgraciadamente, empecé a odiar al grupo de los guapos, porque quería ser como ellos y los envidiaba con todas mis fuerzas. Quería que las chicas se fijasen en mí y me dijesen que yo también era guapo. Pero menos mal que jamás decidí ser como ellos; belleza tenían mucha, lástima que no pudiesen decir lo mismo de sus neuronas. Que tampoco quiero decir que no fuesen un ejemplo, porque ahora están fenomenal, que me han contado que te cuidan muy bien allí, en Proyecto Hombre.

Este pensamiento sigue persiguiéndome día tras día, por desgracia. Antes era por ser el gracioso de la clase y ahora es por ser «Malbert».

No sabéis la rabia que me da sentirme rechazado muchas veces por el simple hecho de ser yo. La de veces que le he rayado la puta cabeza a mi amiga la Cris por este tema.

Estoy triste

mañana te cuento

pero estoy bien

o sea, triste

pero bien

llorando y eso, pero bien

bueno no te voy a engañar

bien, bien, no estoy

Cris
Qué te pasa ya?

Tía, joder, Cris, es que estoy haaarto de los putos hombres

Cris
De qué chico me estás hablando ahora? tienes tantos que me pierdo

DE TODOOOS!! Que me dan puta rabia, joder

Estoy harto

¿¿¿POR QUÉ NO ME SEXUALIZAN???

Cris
Hombre, normal.

itsmalbert

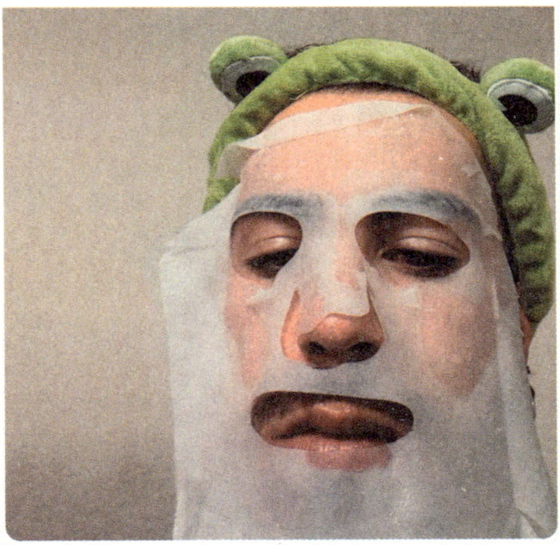

Hija de puta, jajaja

Que mi putería no te engañe. Sí es cierto que, a lo largo de mi vida, he tenido algunos affaires, algunos bastantes, pero la mayoría han sido con gente que no me conocía de las redes sociales o, directamente, los conocí antes de convertirme en un personaje público.

La mayoría de los chicos me ven como un puto payaso, alguien cuyo único talento es hacer reír y crear contenido de humor. Y me frustra muchísimo. Estoy harto de ser el amigo gracioso, el simpático, el que hace reír. No, perdona, YO QUIERO QUE ME FOLLES. Bueno, a ver, igual me he pasado. Bueno, no. Pero me cansa, me agota que nadie pueda ver más allá de un personaje en clave de humor. Que sí, que está muy bien y estoy muy orgulloso, pero quisiera que alguna vez me tratasen como algo más. Porque lo soy. Puedo ser alguien que te seduzca, que te mire y te abrace, que te cuide y te haga el amor. Pero no. ¿Por qué la gente no sabe verlo? ¿Por qué se quedan solo con lo superficial? ¿Por qué solo ven a una mamarracha de internet haciendo el circo? Lo que yo veo es un puto currante que no para de generar contenido, que es creativo, que lleva trabajando desde los dieciocho años sin parar, que es guapo, atento... Pero no, se quedan con el Malbert que es un payaso, el que se muestra en stories con un careto de la hostia, a quien no le importa salir recién levantado y con la cara más hinchada que el gnomo de *El Internado,* con el pelo sucio, de estar por casa, sin arreglar, que se ríe y cuando se le ha caído un diente postizo te lo enseña... Te diré una cosa: ESA ES LA REALIDAD. Eso es LA VERDAD, y no lo que ves en otras cuentas de Instagram que quizás sexualizan más y atraen de una forma más directa.

Por eso, cuando empiezo a conocer a algún chico nuevo que me gusta (algo que ocurre como dos o tres veces al día), y él ya me conoce de internet, me produce rechazo directamente.

Desde que me dedico a las redes sociales y mi vida está más expuesta, he notado que muchas veces se repetía el mismo patrón de conversaciones que, al final, se convertían en dolorosos puñales:

Jajaja, eres genial, por fin me encuentro en esta aplicación alguien que tiene un poco de cerebro

Bueno, el nivel tampoco es que sea muy alto, ¿eh? Jajaja, tú también pareces un tío guay

A veces cuesta sentir algo de conexión, por eso cuando la encuentras, se agradece.

Pues sí. Y tú, además de simpático, guapo eres un rato, ¿eh?

Jajaja, muchas gracias! Tú también pareces muy guapo, en la foto de perfil que tienes se te ve un poco de lejos, pero menudo rollazo tienes

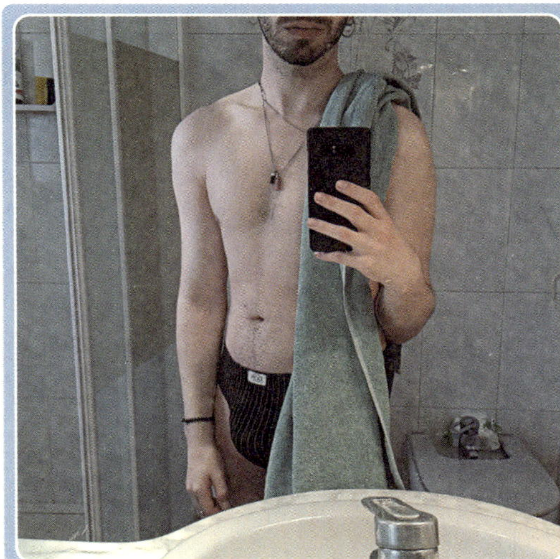

A la duchaaa

Uf, qué sexy, ¿no? Madre mía, a ver si vas a ser mi príncipe azul y no me he enterado, jaja

Jajaja, no será para tanto!!

Pues a mí me acabas de conquistar, la verdad, jajaja

Y alguna foto de cara tienes?
Así que se te vea más de cerca

Busco discreción…

Claro, no te preocupes

Hostia, me suenas de algo

¿Tú eres el de OT?
El que comentaba las galas

Malbert

Sí… soy yo xdd

Pero ¿y qué haces en estas apps?

Hombre, pues lo mismo que tú

Ya, ya imagino

Oye que a mí me encantas y me pareces graciosísimo, ¿eh?, pero creo que no eres mi tipo
Como que no me pones. Pero eres muy majo :)

Y aquí se terminaba la conversación y el interés de la otra persona en mí. Me ha sucedido taaantas veces, pero tantísimas, que estoy muy cansado. De pequeño era el «mono» y ahora soy un «te veo más como un amigo». A veces echo de menos cuando nadie me conocía y no me juzgaban. No sabían nada de mí, tan solo lo que yo les dejaba ver. Y lo peor de todo es que ahora creen conocerme cuando solo conocen una realidad que yo quiero mostrar. Y sí, hay chicos a los que les gusto o se fijan en mí, no seré un dramas. Pero sí es cierto que hay más tíos que me rechazan por ser quien soy que los que se fijan en mí y quieren descubrir mi verdadero yo.

Que prácticamente todos mis ex me hubiesen dejado o engañado me hizo perder un poco la confianza en mí mismo. Porque, de forma indirecta, me echaba la culpa. Si me engañaron, quizás no les estaba dando lo que necesitaban. Pensaba que estaba haciendo algo mal. Si cuando me conocen tal y como soy se van, igual es porque soy una mierda de persona. A ver, no nos engañemos, Nelson Mandela tampoco soy, pero si hasta la persona más repugnante del planeta, Pablo Motos, tiene pareja, pues, joder, a mí algo de esperanza aún me queda.

Estuve una temporada bastante bajo de ánimos. Amaba mi profesión, era por lo que había luchado tantos años, y estaba orgulloso de ello. Pero precisamente eso me estaba quitando otras cosas que también quería en mi vida. Creo que a todos nos gusta sentirnos amados, deseados y queridos. Bueno, pues la falta de eso provocó que me sintiera feo, asqueroso y solo durante una etapa de mi vida. ¿Os acordáis de la icónica portada de Terelu Campos en la revista *Semana*? Pues así me sentía un poco.

Ese fue mi mood durante una larga época. Como una mierda me veía. He de decir que pasarme cuatro días sin ducharme tampoco ayudaba, pero me veía horrible, con ojeras, papada, arrugas... Hasta por un momento me planteé visitar a Carla Barber. Pero como me opere yo la cara en esa clínica, el día en que me muera en vez de incinerarme donan mi cuerpo a Tupperware. Total, que estaba con la autoestima por los suelos, y mira que en redes sociales siempre desprendo un gran amor propio hacia mi físico... pero no siempre es real. Incluso muchas veces utilizo ese alter ego para tratar de subir mi autoestima. En aquella época me veía literalmente feo, salía a la discoteca y solo atraía a viejos con una mirada que gritaba «tengo dinero pero no se me levanta». Y mira que a mí me encanta ligar, ¿eh? He ligado en muchos sitios, hasta en un entierro. No, con el cura no. Hombre, por favor. No seáis mal pensados, que yo era mayor de edad, por lo que perdía todo el interés. Por eso era imposible que le resultase atractivo.

Por una vez en la vida, quería que me fuese bien con alguien. Ya era hora de coincidir con una persona que me complementase. Anhelaba sentirme amado. Literal que mi felicidad dependía de otras personas. ¡Qué injusto! Como ya conté en mi primer libro, a la hora de ligar no me gusta que la otra persona me conozca de redes sociales, porque me parece que, cuando alguien cree conocerte, se forma una imagen de ti, errónea o no, y se crea unas expectativas de cómo eres. Ya viene con una idea preconcebida de ti. Esperan que seas de una forma o haga esto o lo otro. Y no es justo. Porque no jugamos en igualdad de condiciones y eso me cohíbe.

Pero en aquella época estaba yo como para elegir. ¡Anda a la mierda, marrana! ¡¡Que entre quien quiera!! Di alguna oportunidad a chicos que decían que me conocían de redes sociales, pero que les daba igual a lo que me dedicara. Y siempre se repetía la misma historia. Todo iba fenomenal hasta que: «Bueno, invitas tú, que a ti las cenas en restaurantes te salen gratis, ¿no?». «¿Podrías hablarle de mí a tu amiga periodista? A ver si buscan gente en su agencia. De buen rollo, ¿eh?». Y así mil preguntas de gente INTERESADA DE MIERDA. ¿Lo peor? Que, ingenuo de mí, me ilusionaba con el primero que me regalaba los oídos. Cuando estás pasando por una mala época y alguien te presta algo de interés, te vuelves más vulnerable. O quizás fuera que yo tenía una ceguera emocional que no me dejaba ver la realidad al empeñarme en sentir que alguien quería estar a mi lado; cualquier cosa me servía, aunque quisiesen aprovecharse de mí.

Recuerdo perfectamente a un chico que me gustaba muchísimo. Habíamos dado match en Tinder y me había preguntado a qué me dedicaba, así que le respondí lo de siempre: comunicación audiovisual. Él no me conocía, así que era un candidato perfecto a ser mi futuro novio. Guapo, alto, moreno, ojos azules, quería ser actor, muy simpático, una sonrisa perfecta... Lo tenía todo. Un chico guapo fijándose en mí. Habíamos conectado y, como me prestaba atención, me ilusioné mucho. ¡Qué novedad! Después de una mala racha, me hizo despertar ese no sé qué que tantas me gusta sentir cuando tonteo con un chico y veo que es recíproco. Esa media sonrisilla que se te pone cuando contestas sus mensajes.

Algo que me llamaba mucho la atención de ese chorbo es que, pese a que hubiese mucha conexión en nuestras conversaciones, yo le veía un punto de flipado. Nivel que, sin conocerme en persona, no puedes tirarme indirectas como si en un futuro fuésemos a vivir juntos. En plan, ¿y usted quién es? O sea, vale que te guste, pero no vayas de marido cuando aún no nos hemos ni visto. Que sí, que yo soy igual o peor cuando alguien me gusta, pero esos pensamientos me los quedo para mí. No puedo decir todo lo que siento o se me pasa por la cabeza porque, si no, cada vez que me cruzase con un chico por la calle debería estar pidiendo disculpas constantemente: «Ay, perdona por entender esa mirada como un futuro juntos, bb».

No lo exteriorizo, porque me gusta estar cucú, pero demostrarlo ya no tanto. Aun así, quedé con él. Que no sea por dar oportunidades. Bueno, eso y que tenía más pretendientes donde elegir. Y se estaba acercando la Navidad y yo no tenía novio que me hiciese un regalo.

Decidí llevarlo a Goiko Grill, ya que tenía cenas gratis y casi nunca iba. Y yo no soy nadie para decir que no a comida gratis. Es escuchar esa palabra y me saltan chispas de los ojos; y como venga acompañada de la palabra «COMIDA», visualizo hasta las fallas de Valencia. Los pelos como escarpias. La piel de gallina. Es increíble la felicidad que me genera la comida. Me ha dado más orgasmos la Crispy Chicken del Burger King que mi ex. (El nivel tampoco era muy alto).

La cena con este morenazo fue bastante bien. Era un chico muy alegre, con muchas inquietudes y muy afín a mi personalidad. ¡Por fin alguien con un poco de conversación con el que conectar! Debo decir que en persona era aún más guapo. Tenía una mirada que me hacía temblar el ano. Me hacía reír mucho y a mí eso me encanta. Hasta que me dijo lo que no quería oír: «Mira... No te he querido decir nada antes, pero es que te conozco de YouTube y me encantas. Pero que yo no te quiero conocer por tus seguidores ni por tu trabajo, ¿eh? A mí me interesan más cosas de ti». Tus muertos bailando sevillanas. Bueno, respiré hondo, aguanté las ganas de clavarle el cuchillo en la lengua y pensé: «Bueno, había que darle una oportunidad», porque el chico parecía sincero. Eso y que aún no había llegado al postre. Puedes jugar con mis sentimientos, pero con la comida no. Y entonces empezó el bombardeo de preguntas: «Y... ¿Cómo es ser influencer?», «¿Conoces a Lola Índigo?¿Es maja en persona?», «¿Cuánto te pagan por publicidad?», «¿Te llevas bien con Noemí Galera?», «Los de OT en verdad te escriben por privado, ¿no?».

Mi instituto asesino iba en aumento. Traté de ser lo más educado posible y tan solo le dije que como siguiese metiendo la nariz donde no debía, igual le metía tal revés que Voldemort iba a parecer su hermano gemelo. Cuando alguien justifica algo de forma constante, es porque tiene miedo a que se sepa que lo que está diciendo es mentira. «Que a mí me dan igual tus seguidores, ¿eh?», repitió como ochenta veces. ¿Sabéis como terminó la cita?

—¿Nos hacemos una foto? —me dijo.

—Bueno, si quieres —le contesté casi sin ganas.

—Ay, hazla con tu móvil, que yo no tengo batería.

La hice y...

—Cuando la subas a stories, etiquétame, ¿eh?

...

Se la parto. Es que se la parto. La cara digo. Evidentemente le dije que no la iba a subir porque no me sentía cómodo compartiendo según qué momentos, que si la quería se la enviaba por WhatsApp. ¿Sabéis lo que hizo al llegar a casa? Subió nuestra foto a su Instagram. Como post. Junto a un texto de: «Noches bonitas con gente bonita».

Pero vamos a ver... ¿En qué mierda realidad paralela vives, pedazo de imbécil? PREGUNTO.

Le dije que no estaba cómodo compartiendo momentos de mi vida privada y ESE era uno. Porque no había estado cómodo y no me había gustado su pedantería. Una cena en la que no hubo feeling ni conexión, mis respuestas eran monosilábicas del poco interés que tenía y de la decepción que me había llevado. Y él, en su Instagram, casi estaba vendiéndolo como si fuésemos pareja. ¿Se puede ser más cerdo? Es que ese chico se merecía que lo encerrasen en una cárcel tailandesa. Encima, veía la foto y podía ver la maldad y la mentalidad tan retorcida de haber estado semanas zorreándome para tener una cita y aprovechar el momento perfecto para sacarse una foto conmigo. O sea, literalmente ese chico no buscaba conocerme, sino enseñar que me conocía. ¿Soy acaso un puto muñeco sin sentimientos?

Si en aquella época ya me sentía como una mierda, imaginaos después de esta decepción... Además por un chico que tenía el pelo como los fideos Yatekomo. No se merece mis respetos. Literal que me había pasado semanas hablando superilusionado con él, creyendo que se había fijado en mi personalidad, en mi esencia, EN MÍ, cuando lo único que quería era aprovecharse de los privilegios de MI TRABAJO que me había ganado con MI PUTO ESFUERZO. Pues no, bonito. Sanguijuelas como tú se detectan muy rápido y ni una cita duraste. Vete con Miguel Frigenti, que seguro que os entendéis.

Tonto de mí, me sentía como un condón usado. Habían vuelto a jugar conmigo y cada vez notaba con más claridad que no podía confiar en nadie. Que cualquier persona que se pudiese interesar por mí quería algo a cambio. La gente es muy cerda. Pero no cerda depresiva que no se ducha, cerda de personalidad. Estaba triste porque quizás me iba a costar encontrar a ese alguien que pudiese ver más allá de una fachada o un interés.

Como este engendro, me he encontrado varios. A unos los detectaba con la primera conversación en Instagram y a otros, pues... Después de follármelos. Desde putas sanguijuelas que vienen a tirarme la caña de fiesta para entrar en mi reservado y beber gratis hasta acercarse a la cabina cuando estoy en algún bolo pinchando para decirme lo guapo que soy, que ojalá nos veamos luego y que si me sobraba una consumición... Cansa. Esta puta mierda cansa. Y luego me preguntan por qué soy tan borde. Toda personalidad tiene un porqué en el pasado. Es más, no todos reciben la misma versión de mí: unos te dirán que soy un encanto de persona y otros que soy una mierda. Créetelos a los dos. Yo actúo de acuerdo con cómo son los demás conmigo. Así de simple.

Estos pequeños detalles que igual se pueden contar con humor a mí me iban poniendo una coraza más. Una tras otra. Por puro instinto de supervivencia emocional. Mi cabeza estaba creando un escudo lleno de capas formadas a base de decepciones. «No quiero que me hagan más daño», «Nadie más va a jugar conmigo». ¡Qué iluso! Ni que eso dependiese de mí... El que es gilipollas, gilipollas será. Aunque te pongas más capas que Massiel en los Goya 2020.

Me habían hecho tanto daño que ahora lo que me daba miedo era el cariño.

Por estas cosas, creo que me cuesta mucho abrirme. Emocionalmente, digo. Para lo otro no, para eso soy como una gasolinera: veinticuatro horas abierta. Pero me cuesta mostrar mi yo más vulnerable, el Malbert que ama, que siente cosas, que se pone nervioso por una mirada... Y todo esto lo maquilla con una personalidad exagerada, con insultos o incluso bromas que puedan opacar sus sentimientos para que nadie le vuelva a herir. ¿Estoy hablando otra vez de mí en tercera persona? Creo que debería dejar de ver los Deluxe de Aída Nízar.

Uno de mis ex una vez me dijo:

—¿Por qué nunca me has dicho «te quiero»? Llevamos ya un año juntos.

—Me cuesta verbalizar mis sentimientos...

—¿Pero me quieres?

—Claro.

—Pero dímelo.

—Ya te lo he dicho más de una vez, pero quizás no supiste verlo.

●●○○○ 04:34

Notas

15 formas de decir «te quiero» sin decirlo:

- No hace falta que me lo devuelvas.
- Tú puedes.
- Voy si tú vas.
- ¿Paso a recogerte?
- Aunque sean cinco minutos.
- ¿Quieres probar el gofre?
- Acabo de ver la peli que me recomendaste.
- Haré croquetas, que sé que te gustan.
- ¿Cómo estás?
- Ojalá estuvieses aquí.
- Esta canción me recuerda a ti.
- Quiero verte crecer.
- Me encanta verte feliz.
- ¿Quieres que te acompañe?
- Me quedo un rato más.

Sí, soy de esas personas a las que les cuesta decir «te quiero». ¡Joder! Es que es algo muy fuerte y muy puro, tan íntimo y sincero que puede llegar a ser peligroso. La gente que dice constantemente «te quiero» hace que se pierda el valor de la expresión. No me jodas. A mí me sueltas la frasecita cada mañana y yo el viernes te contesto: «Yo también te quiero, PERO FUERA DE MI CASA, PESADO». Porque te acostumbras a escuchar algo que debería tener su momento, su espacio único y personal. Gastarlo es marchitar su significado.

Pero mi trabajo no solo ha afectado de forma indirecta a mi vida personal, sino también de forma directa. Hay un medio de comunicación al que se la tengo jurada y por algo están vetados por mí. Esto nunca lo he contado, porque quería reservarlo para este libro. Porque a cada cerdo le llega su San Martín y a ellos les llegará.

En plena promoción de mi libro, acudí a diferentes medios para darlo a conocer. Este medio en cuestión no lo quiero nombrar, pero bueno, digamos que se llama C. R. Ay, bueno, a tomar por culo el misterio, es CATALUNYA RÀDIO. Ya se sabe que a mí me gusta dar nombres. Pues fui a un programa al que ya había acudido varias veces y había muy buen rollo. Incluso había ido como colaborador, sin cobrar, a algún que otro programa de la emisora. En aquella entrevista tuvo lugar la siguiente conversación:

—¿Crees que Cataluña necesitaría un *Sálvame* en catalán?

—No lo veo, creo que no los insultos en catalán pierden fuerza. El catalán es una lengua preciosa, muy fina, muy bonita y supereducada, pero creo que no es una lengua para insultar. El castellano suena más basto, como «HIJO DE PUTA». Pero claro, decir en catalán «menja'm el cony» no suena igual que «CÓMEME EL COÑO». ¿Sabes?

Ahí quedó la conversación. La entrevista fue en torno a mi libro, muy divertida, y me sentí supercómodo. Se iba a publicar el finde siguiente, el mismo día que había quedado con un chico para nuestra primera cita. Yo ya iba sin ilusión porque, como dijo una gran filósofa, Estela Reynolds: «Yo siempre me pongo en lo peor para no llevarme sorpresas y, aun así, me las llevo».

Era un chico mono, con pelo largo, de Barcelona; no tocaba el ukelele y estaba para chupársela a sorbos con mucha intensidad. Qué romántico soy cuando quiero. No fui con muchas ilusiones a la cita, aunque yo ya sentía cosas cuando hablaba con él. Bueno, vale, sí, que me encantaba. Era guapísimo y me tenía loco. Y esa no era una cita cualquiera, esa iba a ser LA CITA. Pero no una de estas que tienen los heteros que te llevan a hacer cosas repugnantes como ir a ver al mago Pop y luego a cenar a La Tagliatella. Planazooo, ¿eeeh? Mira, no, antes mátame. Yo al mago Pop no voy. Prefiero que me tosa en la cara Kiko Matamoros.

Fuimos a una terracita monísima que había en el centro de Barcelona, llena de plantas y farolillos a lo chill out. Era un chico muy apañado, había sido un buscavidas desde bien joven, muy humilde y trabajador. No sabía nada sobre a lo que yo me dedicaba, y se le veía bastante ajeno a las redes sociales. O eso me había dicho. En mitad de las bravas, noté que el móvil me vibraba.

Era una notificación.

No acostumbro a mirar mucho el móvil en las citas porque me parece una falta de respeto hacia la otra persona, pero el móvil estaba en la mesa e inevitablemente miré de reojo la pantalla y pude ver el siguiente mensaje:

@User661298
@ItsMalbert HIJO DE PUTA. ¿Lo entiendes así ahora?

Emmm, ¿perdona? Por un momento se me aceleraron las pulsaciones porque no entendía nada. Decidí ignorarlo. Pensé que igual sería cualquiera de mis ex descargando contra mí su frustración por no tenerme. Lo comprendo. No le juzgo. Continuamos hablando como si nada mientras nos contábamos nuestras vidas, y no veas cómo hablaba el cabrón. Nos habíamos juntado dos que le dábamos al palique con gusto.

Brrr.

Mi móvil volvió a vibrar.

Agacho la mirada hacia la mesa...

@User874VT5
@ItsMalbert NO HAURIES D'HAVER NASCUT FILL DE PUTA MARICONA ASQUEROSA

Esto ya no me parecía normal. Alguien diciéndome en catalán que no debería haber nacido y utilizando maricona como insulto... WELL. Parece ser que en las cuevas llega el wifi.

Como entenderéis, tuve que mirar el móvil y ver qué coño estaba pasando.

Las notificaciones venían de Twitter.

Entré y lo primero que vi fue:

LISTA DE TENDENCIAS EN CATALUÑA.
PRIMER TRENDING TOPIC: «Malbert»

Pero ¿qué coño? ¿Ahora por qué soy tendencia? ¿Qué he hecho? Tan solo estoy tratando de comerle la longaniza a un chorbo en una terracita de Barcelona. ¿La putería es un delito? ¡¡ME DECLARO CULPABLE, SEÑORÍA!! Maldito momento en el que comencé a leer lo que la gente estaba diciendo de mí; se me cambió la cara por completo. Empezó a sudarme la frente y comencé a notar una leve presión en el pecho. El chico con el que estaba no dejaba de hablarme mientras yo miraba el móvil y trataba de dar sentido a lo que estaba leyendo. Sentía su voz hablar y hablar, pero no le escuchaba. Tan solo podía centrar mi atención en leer los cientos de mensajes que había en Twitter de gente insultándome en catalán:

@User123MS9
@ItsMalbert vaya cara de tonto te la criatura

@User0947YH
@ItsMalbert dios, qué puta grima

@User873562
@ItsMalbert tiene una guantee de espanto

@User944HSB
@ItsMalbert hauries d'haver mort, asquerós

@User005VA3
@ItsMalbert Fill de la grandissima puta! T'arrenco el puto cap, ignorant!

@UserKL3338
@ItsMalbert Quina pallissa que et fotia, gai de merda

@User777KE3
@ItsMalbert Un altre indígena mental

@User11K984
@ItsMalbert Calla, fill de puta!

@User84MSKU
@ItsMalbert Cap de cony, desgraciat, si t'agafo et rebento, tros de merda

@UserKSN87E
@ItsMalbert Ah, no? FILL DE LA GRAN PUTA, MITJA MERDA, SUBNORMAL, POLLÓS, PIXA-REIXES, GAMARÚS, TROS DE MERDA SECA?

Pues nada, ansiedad modo on. Le dije al chico que tenía que ir al baño, que no me encontraba bien y que me esperase un momento. Me senté en la taza del váter, saqué el móvil y empecé a entender lo que había pasado. Catalunya Ràdio había decidido sacar como titular de mi entrevista la siguiente declaración:

Malbert: «EL CATALÁN NO ES UNA LENGUA PARA INSULTAR».
El youtuber nos presenta su primer libro.

Un titular elegido con muy mala leche y descontextualizado de una entrevista donde hablaba de mi libro durante casi una puta hora. Pero les pareció que lo más relevante fue decir que el catalán no servía para insultar. Cuando, en realidad, un segundo antes de mi declaración de eso alabé esta lengua diciendo que me parecía hermosa, muy bonita, y que la amaba. ¿Quieres saber lo peor? La entrevista llevaba varios días grabada. Pero... ¿sabes qué día decidieron publicarla con ese titular? El 1 de octubre, el día que se conmemora el referéndum ilegal que se llevó a cabo para preguntar al pueblo si se quería que Cataluña se independizase de España.

Hay que ser hijos de puta, malas personas, manipuladores, retorcidos y cabrones para usar una frase sensacionalista y descontextualizada donde ensalzaba el catalán para utilizar mi imagen y politizarla en mi contra. Si yo no me metí en ningún tipo de discurso político, ¿POR QUÉ VOSOTROS SÍ ME METÉIS? Lanzarme de esa forma tan sucia a la leonera de una emisora de radio muuuy catalana con unos oyentes muuuy catalanes cuando, precisamente, sabíais lo que ibais a provocar... Tontos no son. Sucios y rastreros, un rato. Pero tontos no. O sea, era como irse al Vaticano a decir que Dios no existe.

La gente no paraba, seguían y seguían insultándome sin haber leído el contexto de ese titular:

@UserLSJUN6

@ItsMalbert Una desferra humana que necessita polèmica per vendre. Els desgraciats que comprin el libre estaràn contents de deglutir les deixalles que aquest mitja merda els ofereix.

@UserJ84765

@ItsMalbert Dos coses, aquest senyor qui es i qui l'hi ha escrit el llibre?

@User093HY6

@ItsMalbert No te pinta de respectar a ningú el merda este

@User049672

@ItsMalbert Un altre youtuber que no hauria ni d'haver nascut

Me deseaban la muerte, se reían de mi libro, me llamaban de todo. Y todo esto sin yo haber hecho absolutamente nada. Encima, los propios colaboradores del programa de radio a los que yo había tratado la mar de bien estaban avivando la polémica posicionándose en contra de mí aun viendo el escarnio público que estaba recibiendo. A cada cual más cerdo y más cobarde. Yo sé el papel que juego, y soy consciente de que muchas veces me gano que la gente me insulte, me odie o haga lo que les salga de los cojones, PERO AQUÍ NO. Esto NO ERA JUSTO. Tenía cientos de personas insultándome y retuiteando todos los insultos que me propinaban. Incluso uno de los escritores más conocidos de Cataluña respondió al titular y yo, hasta los cojones, no pude evitar contestar.

@User020494

@ItsMalbert Ara resulta que aquest fill de verra malparit vol refundar la Lliga del Bon Mot. Ves a cagar a la via.

@ItsMalbert

Señor, tómese una tila que no está para disgustos. Lamento decirle que me da bastante igual lo que opine de mí un señor con pérdidas de orina.

A todo esto, yo asimilando semejante lluvia de insultos gratuitos metido en un lavabo de un restaurante en Barcelona. Cuando volví a la mesa, le dije al chico que lo sentía mucho, pero que tenía que irme, que me había surgido un imprevisto con mi madre y tenía que ir a recogerla. Sinceramente, sentía una presión en el pecho que casi no me dejaba hablar, estaba tan nervioso que no me veía con cuerpo de seguir en aquella terraza. No me apetecía ponerme a contarle a qué me dedicaba y qué había pasado. Ni me apetecía ni era el momento. Fui a casa de mi amiga la Cris, que vive en Barcelona, y me eché a llorar. Ataque de ansiedad modo on.

Al día siguiente, me levanto, enciendo el móvil y me encuentro con que habían empezado a dedicarme artículos en portales digitales y en medios de prensa escrita:

«El youtuber Malbert afirma que no se puede insultar: te enseñamos los ocho mejores insultos en catalán». «¿Creéis que no se puede insultar en catalán? El youtuber Malbert dice que no».

Abro el mail: «Hola, te contactamos de un matinal de Catalunya Ràdio para hablar sobre la polémica del catalán. ¿Nos concedes una entrevista este viernes? Podemos hablar de tu libro también».

Esto ya era acoso. Evidentemente, tuvimos que frenarlo de alguna forma y, gracias a mi representante, conseguimos que modificasen el titular y borrasen uno de esos artículos. Pero aun así, a día de hoy ese tuit con el titular y los cientos de insultos hacia mí siguen siendo visibles en Twitter. Decidieron que eso era más importante que manchar la imagen de un personaje público de forma gratuita.

En fin, amigues, que el amor no está hecho para mí. La gente es muy hija de puta y yo tengo muy mala suerte. Si me quieren sexualizar, que me sexualicen, y si no, dos putas piedras se coman. Ellos se pierden a esta jamelga de belleza exótica. Si no les gusta mi personalidad o no les parece atractiva, no es mi problema. A mí sí me lo parece y con la opinión de la gran sabia que soy, creo que es suficiente. Sé que soy especial, que tengo una vida un tanto diferente, soy toca cojones, divertido, borde e incluso estúpido. PERO SOY REAL, AUTÉNTICO Y FIEL A MIS PRINCIPIOS.

Nadie se merece que yo cambie por él o ella. Ser auténtico es un acto político porque significa nadar a contracorriente en una sociedad que intenta someterte constantemente al ideal de una norma muy acotada. Y yo, lo siento mucho, pero soy demasiado joven para vivir tan limitado.

08:30
Martes, 24 de junio
CAPÍTULO 7
ahora
Estás loco

«De flor en flor y, en consecuencia, de capullo en capullo». Este podría ser el resumen de mi vida. Imagino que pensrás que cómo me ha dado tiempo a tener tantos novios y amoríos con solo veintisiete años. La respuesta siempre es: EL PUTERÍO. Bueno, y que algunos me duraban dos días. Se ve que no eran capaces de soportar tanto talento. Y que me encantaba empalmar relaciones. Cuando salía de una, decía: «Buah... Lo que voy a disfrutar soltero... Ahora me merezco un tiempo para descansar, para ser libre, y me pienso comer el mundo. ¡VIVAN LOS SOLTEROS DE ORO! ¡Que le den al amor!».

Dos días más tarde:

Cualquier chico:

Hola

Yo:

Para llegar a este punto en el que cualquiera me sirve, ha llovido mucho... Vamos que si ha llovido, me he ahogado, vaya, y no con lo que yo quisiera. Uno de los culpables: mi ex. No quiero decir su nombre porque de un ex siempre hay que hablar con respeto y educación, así que utilizaré un pseudónimo un poco aleatorio y sutil; lo llamaremos «HIJO DE PUTA».

Soy consciente de que escribir este capítulo me va a suponer un jodido proceso emocional al recordar ciertas cosas. Pero nuestro pasado sigue siendo nuestro y olvidarlo sería negar lo evidente. Nuestras heridas, nuestros aprendizajes, nuestras historias y nuestras batallas también cuentan. Las heridas hablan por sí solas, y silenciarlas es autoengañarse. Aun así, no es fácil ver esas cicatrices y recordar la herida.

Tengo muy malos recuerdos de esta relación, ya que me hizo mucho daño más allá de lo sentimental. Lo que aparentemente empezó como un sueño adolescente, terminó siendo una puta pesadilla. Me convirtió en una persona que no era. Pisó sin escrúpulos todo lo que hizo falta para guionizar sus inseguridades. Y cómo no, ¿quién sufrió los daños colaterales? Yo. Tanta toxicidad, manipulaciones y mentiras me pasaron factura mentalmente. El apodo «hijo de puta» no es pura casualidad. Por si no habías notado la ironía. En verdad no fui consciente de todo lo que viví hasta que pasaron los años. No sé si es que no era capaz de verlo o, simplemente, quise ignorar lo sufrido. Pero parece ser que la perspectiva del tiempo te hace apreciar la realidad con mayor precisión.

Yo tenía dieciséis añitos; toda una potra joven, pero con el ano más abierto que la Puerta de Alcalá. Una puta zorra con todas la letras. «Zorra» es una palabra, y yo soy su significado. Pero de este chico me enamoré muchísimo. Cuando alguien abandona el puterío por decisión propia, es amor verdadero.

Todos hemos tenido nuestro primer amor. Esa persona con la que experimentaste por primera vez la sensación de decir: «Te quiero». De ir por la calle de la mano. Hacer locuras por verle. Esas primeras veces nunca se olvidan. Todas esas emociones son nuevas y eso es algo precioso, pero precisamente, esa inocencia también puede traer consecuencias y decisiones negativas.

Él fue mi primera pareja estable y era un año mayor que yo. Fue el primer chico al que le dije «te quiero» porque lo sentía de verdad, y no para que me regalase algo por mi cumpleaños. Dos largos años de relación, que se dice pronto. Los primeros meses fueron muy bonitos.

—¡Anda! Cállateee, ja, ja.

—No me voy a callar.

—¡Shhh!

—Cállame tú.

—¿Cómo?

—He dicho que me calles.

Así fue nuestro primer beso, apoyados en mi moto en el garaje de mi casa. Muy al estilo de *A tres metros sobre el cielo*, pero en una scooter roja con pegatinas de El niño. Que se noten las raíces de ser de barrio.

Empezamos a crear una relación muy bonita. Lo típico de un primer amor: enamorada hasta de los pedos que se tiraba, que a mí me olían a lavanda. Fíjate lo enamorado que estaba. Todo era superpasional y nuevo para mí. Él ya había vivido cosas parecidas con otras parejas, así que sentía que debía dejarme llevar por él. Salir juntos de fiesta, compartir grupo de amigos, ir a cenar, al cine... Lo hacíamos todo juntos. No nos separábamos nunca. Cada fin de semana dormíamos en casa de mis padres o en la de su madre. Eramos culo y mierda. Como buen amor primerizo, necesitábamos vivirlo todo juntos a todas horas. ¿Sabes la típica pareja asquerosa y totalmente vomitiva a la que te apetece escupir por la calle porque derrochan felicidad al andar? Pues eso.

Pasaron los meses y empezaron a surgir ciertos comportamientos que no lograba entender.

—¿Acabas de mirar a ese chico? —decía muchas veces mientras paseábamos por la calle.

—Tengo ojos para mirar —le respondía, justificando un acto inconsciente.

—Pero ¿te ha gustado?

—¿Cómo?

—Que si te ha gustado. ¿Lo veías guapo?

—Hombre, pues era guapo. Pero yo qué sé, ha pasado por delante durante treinta segundos. Me la suda.

—Si tanto te la suda, ¿por qué lo has mirado?

—Porque me gustaba mucho su chaqueta —le mentía con tal de no seguir con la conversación.

—¿Seguro?

—Sí, sí, vi una en Bershka parecida que quería comprarme.

Ese tipo de conversaciones intimidatorias y agresivas se volvieron tan comunes que, cansado de discutir, me veía obligado a inventarme respuestas para que escuchase lo que él quería. Yo no quería mentirle; era mi novio y yo no era así, pero no me dejaba otra opción. Era eso o perder la salud mental a base de discusiones sin sentido. Tampoco veía normal tener que dar explicaciones absurdas de cosas tan obvias y naturales como PUTOMIRAR a alguien. Miro lo que quiero, cuando quiero y como quiero. Y da gracias a que no soy Leticia Sabater, que si no hasta miraría dos cosas a la vez. Pero claro, esto lo digo ahora. En aquel entonces, siendo tan joven y vulnerable y al encontrarme por primera vez con esas situaciones, opté inconscientemente por la vía fácil: mentirle.

Aquellos comportamientos empezaron a ser cada vez más recurrentes. Y lo peor de todo es que me hizo ver que aquello era lo normal. Todas las parejas lo hacían. Normalicé una toxicidad que no me pertenecía. Al no haber tenido otras parejas, no tenía ninguna referencia, así que creí que eso debía ser así.

¿Qué haces?

En casa, aburrido...

Pero si es sábado, ¿no harás nada?

Qué va... Estoy en la cama

¿No vas a salir ni a tomar algo?

Qué pereza

Mándame una foto, anda

Uy, qué va, que estoy horrible

Venga, anda, que me apetece verte y te echo de menos

Que no, coño, que estoy horrible sin peinar ni nada, jajaja

Tú no estás en casa

No empieces

Pues mándame la ubicación al menos

Paso

¿Me estás engañando?

Y así se podía tirar horas. Yo no le contestaba, pero me seguía mandando mensajes. Apenas pasaban segundos entre uno y otro, tanto que me petaba el móvil a notificaciones. Cuando le daba un brote de celos, cambiaba el chip y parecía otra persona. Entonces empezaban las llamadas: dos, tres, ocho... las que hiciesen falta para satisfacer su obsesión. Aunque mi salud mental fuese en ello. El móvil no paraba de vibrar. Lo silenciaba. La pantalla no paraba de encenderse. Seguía llamando. No se cansaba. Y cuando comenzaba a notar que me costaba respirar y me temblaban las manos, me veía obligado a ceder para que me dejase en paz y le cogía las llamadas. De esa forma él comprobaba si había ruido de fondo y podía intuir dónde estaba y si le había mentido. Aquello se volvió un control las veinticuatro horas del día. Jamás le había sido infiel, así que no entendía de dónde nacía esa desconfianza hacia mí. Yo le quería y, en consecuencia, le respetaba.

LO QUE ME HUBIESE GUSTADO APRENDER ANTES DE CONOCER A UNA PAREJA TÓXICA

- La ropa la eliges TÚ. La persona que la va a lucir eres TÚ. Tu pareja puede opinar, pero no decidir. Incluso a veces ni opinar y, según el día, ni respirar. Sigo amándote lleve cuello alto o vaya en bragas. Cambia mi apariencia, no mis sentimientos.

- Una pareja no cuestiona tus decisiones, sino que las respeta y las apoya.

- El espacio entre ambos no significa que no quieras verle, sino que a veces necesitamos intimidad. Si quieres una lapa vete a *Supervivientes* y, si buscas un perrito faldero, llama a Pelayo Díaz, que sabe dónde pueden traerte uno por MRW.

- Si quiero ir con mis amigas, porque para algo son MIS amigas, puedo ir SOLO. *Bitch, I don't need you.* Y menos si voy a contarles que en el último polvo duraste diez minutos.

- Lo que es importante para mí, igual para ti no lo es, pero eso no resta credibilidad a mi punto de vista. Porque si a mí me afecta emocionalmente que Ana Guerra no consiga vender entradas para sus conciertos, no me llames exagerada: tráeme Kleenex y cómprame un par de entradas en primera fila.

- Soy autosuficiente y me sé defender sola. No necesito un guardaespaldas, no soy Britney Spears. Deja la sobreprotección a un lado. Si tanto miedo tienes a perderme, por algo será.

- No me eches en cara lo que hiciste por mí el 23 de julio de hace tres años, porque ni te lo pedí ni lo necesitaba. Si lo hiciste fue porque tú quisiste, así que no me eches en cara tus actos de buena fe porque, si luego los vas a usar para hacerme chantaje emocional, prefiero que te los metas por el culo.

- Por mucho que seas mi pareja, no dependas de mí para hacer planes.

- Puedo bailar con quien me salga de los cojones.

- Mi móvil es MÍO. No tengo nada que esconder, pero por favor, cuando esté a tu lado y utilice el móvil, deja de convertirte en Leticia Sabater, porque disimular no es lo tuyo.

¡Y a chuparla!

Me obligaba a decirle cuál era mi contraseña de bloqueo del móvil. Me decía que los novios no se tenían que ocultar nada y que si él me decía su contraseña —que nunca le pedí—, yo también tenía que decirle la mía. El día que la cambiaba, montaba un pollo hasta que la conseguía. Para mí eso no era normal, y así se lo hacía saber. No tenía nada que ocultar, pero me parecía excesivo. Si quería mirar mi móvil, que me lo pidiese, que yo se lo enseñaba sin problema. Las personas que se enfadan cuando tú pones un límite son aquellas que se beneficiaban de que tú no tuvieses ninguno.

Fíjate el nivel de obsesión que hasta tenía la sospecha de que miraba mi móvil a escondidas. Estaba completamente seguro de que por las noches, mientras yo dormía, me cogía el móvil y leía todas mis conversaciones de Instagram y WhatsApp. Como una persona coherente, se lo dije. «Tú estás loco —me decía—. Estás loco. Ves cosas donde no las hay. Deja de alucinar. En la vida haría yo eso». Llegué a pensar que el problema lo tenía yo, que estaba perdiendo la cabeza por culpa de tanto control.

Cansado de escuchar «Tú estás loco», quise comprobarlo. Él tampoco es que fuese muy ágil mentalmente. O sea, que era imbécil. Muchas noches yo dejaba el móvil apoyado en el borde de la mesita de la cama y debajo ponía un papelito de algún envoltorio de caramelo o cualquier cosa que pillase. De esta forma, si el papelito estaba en el suelo cuando despertaba, quería decir que alguien había tocado el móvil.

P.D.: Cada noche me encontraba el papel en el suelo.

Cada mañana que miraba al suelo y veía el papel era una decepción más que mentalmente anotaba. Evidentemente todo esto me lo callaba, porque incluso me daba vergüenza admitir que hacía esas cosas para saber si me mentía o no. Me daba cosa quedar de desconfiado, aunque tuviese motivos. Pero como prefería callarme porque ya sabía cual iba a ser la respuesta: «Tú estás loco».

Nuestras conversaciones se redujeron a: «¿Quién es ese chico que te ha comentado la foto de Instagram?», «Te acompaño al baño de la discoteca, no quiero que vayas solo», «¿Cuál es tu contraseña del móvil?», «¿Por qué has llamado guapo a ese chico?», «Si me quisieses de verdad, te quedarías esta noche conmigo...», «¿Acabas de mirar a ese chico?», «¿Seguro que estás con tus amigas? A ver, mándame una foto para que vea qué guapos estáis», «Enséñame tu WhatsApp», «¿Por qué te abres tanto la camisa? No te sienta bien», «Este amigo tuyo no lo conocía de antes. ¿Habéis tenido algo?». Y así muchísimos comentarios. Al principio los dejas pasar... ERROR. Pero tampoco me culpo. No puedo culparme de no saber gestionar una relación tóxica y enfermiza con dieciséis años porque nadie me enseñó. Tuve que aprenderlo, y así lo hice, aunque fuese a base de hostias. Tampoco pienses que yo me quedaba callado; me cagaba en su puta madre y en toda su estirpe constantemente, pero aunque le echase cojones, el machaque diario iba erosionando mi salud mental y mi estado emocional. Se que quizás desde fuera puede parecer algo tan simple como: «Pues si no te gusta, déjalo». Pero cuando hay sentimientos de por medio durante tanto tiempo, se crea una especie de adicción y dependencia. Incluso miedo de perderle, de perder lo que habéis construido. La familia, los amigos..., habría que dar demasiadas explicaciones. Y para evitarlo te da igual el precio que tengas que pagar. Incluso la otra persona puede llegar a hacerte pensar que no eres nada sin él, que le debes mucho por haber pasado tanto tiempo juntos y, por temor a todas estas cosas, continúas callado y normalizando episodios que nunca debieron suceder.

Como el que tengo grabado en la puta cabeza. El recuerdo de aquel día me sigue removiendo hoy por dentro. Vi en primera persona mi reflejo. El reflejo de una persona infeliz, cansada, triste y llena de cadenas que no le permitían ser.

Desde que entré en el instituto, tenía muy claro a lo que me quería dedicar: quería ser actor. Ella actriz 360, ya apuntaba maneras con la de orgasmos que fingí con mi ex, pequeño iluso. Dedicarme al teatro era mi ilusión, pese a que tanto maestros como familia me dijesen: «Vale, pero estudia otra cosa primero y luego ya haces eso del teatro».

Los exámenes tanto teóricos como físicos para entrar en la carrera de Interpretación no eran nada fáciles. Es más, estuve tooooodo un año preparándome las pruebas. No valía con aprobar: tenía que sacar la mejor nota. Audicionaban más de mil personas para literalmente cuarenta plazas. Necesitaba ser el mejor sí o sí. Fui a clases de canto para mejorar la escucha, durante meses hice ejercicios de flexibilidad cada noche antes de ir a dormir, cada mañana recitaba los textos que quería interpretar, salía a correr los fines de semana para tener buen fondo... Una completa locura.

Mi novio me decía: «Creo que pierdes demasiado tiempo preparándote esas pruebas». Bueno, igual es mi futuro y no quiero que sea como el tuyo, pedazo de paleto manipulador. ¿Sabes por qué me decía eso? Porque a él nunca le hizo gracia que yo me quisiese dedicar a un mundo donde los maricones abundaban. No quería verme cerca de ningún chico que pudiese hacerle competencia. ¡Ni que yo fuese de su propiedad! ¡MI ÚNICO DUEÑO ES EL PERREO! No soportaba la idea de que pudiese pasarme cuatro años de mi vida rodeado de tíos con mis mismos gustos en clase. Por eso siempre me hacía comentarios para desprestigiar mi sueño o mis posibilidades de entrar.

Hasta que llegó el gran día. Tras un año sudando la gota gorda día y noche para hacerlo perfecto, ERA MI MOMENTO. El momento de examinarme y demostrar todo lo que había estudiado y practicado. Estaba nervioso y tenía muchísima ilusión por tener al fin la oportunidad de dedicarme a aquello que siempre había soñado. Era un día muy importante para mí y todo tenía que salir perfecto. Necesitaba estar concentrado y darlo todo. Por mí, por mis sueños y por mi futuro. Y por aquellas personas que me decían: «Eso no es un trabajo».

Tenía que ir en bus a la universidad y mi novio decidió acompañarme. Quiso venir conmigo básicamente para esperarme en la puerta y controlar el mínimo contacto que podría llegar a tener con mis futuros compañeros. Por mucho que él lo disfrazase como que quería comer conmigo, después de casi dos años juntos ya le conocía lo suficiente. Literal que iba a pasarse más de cuatro horas esperando en un banco delante de la puerta para que, a la hora del descanso, fuésemos a comer juntos y así evitar que me relacionase más de lo estrictamente necesario con el grupo. A él comer conmigo le importaba una mierda, le daba igual acompañarme, tan solo quería seguir siendo esa persona posesiva y controladora. Subidos ya en el bus, le decía:

—Estoy atacado de los nervios, ojalá salga todo según lo previsto. Por mis cojones que lo voy a conseguir.

—¿Tú estás seguro de que quieres entrar ahí? No tiene mucho futuro... —contestaba.

—Con o sin él, sigue siendo mi futuro —lo cortaba yo.

Antes de entrar, necesitaba pasar por un fotomatón para adjuntar unas fotos en la hoja de inscripción. Y dio la puta casualidad de que en aquel trayecto de bus recibí un mensaje de WhatsApp de un amigo:

Jona
Hola, guapooo, ¡cuánto tiempo! Hace mil que no hablamos, tío, cómo estás? 😚

Aquel inocente mensaje desató una metralleta de preguntas, como era de costumbre: «¿Quién es? ¿Por qué te escribe ahora? No lo entiendo, ¿no sabe que tienes novio? ¿Quién se cree? Vuelve a explicármelo porque no lo entiendo. ¿Habéis tenido algo? No me parece normal... Estoy flipando... ¿Los besos son una indirecta? Enséñame su foto. Es guapo, te gusta, ¿no? ¿Habéis hablado antes y has borrado la conversación?». Se trataba de un amigo, UN AMIGO, fin. Él seguía haciéndome preguntas, una tras otra, y yo le contestaba, pero no le servían mis respuestas, así que seguía y seguía. Me agobió tantísimo que empecé a notar una presión en el pecho. Miraba a mi alrededor y solo veía que estaba dentro de ese bus lleno de gente y del que no podía salir. Me entró mucho calor de golpe. Estaba nervioso porque era el día en el que me jugaba mi futuro y mi novio no me dejaba respirar; me hacía una pregunta tras otra y no se contentaba con lo que le respondía. Empecé a marearme: escuchaba su voz como si fuese un eco. La cabeza me daba vueltas por los baches de la carretera y el movimiento del bus. Miré hacia la ventana buscando aire.

No pude evitarlo y me eché a llorar.

La gente me miraba.

Pero me daba igual; sentía tanta impotencia por no poder gritar ni salir de ahí que solo fui capaz de llorar.

«¿Ves?, ya has conseguido lo que querías: hacerte la víctima. Ahora soy yo el malo, ¿no? Solo te estaba preguntando. ¿O no puedo hacerlo? Parece que te haya pegado. Eres un exagerado. Madre mía, qué vergüenza. Para de llorar, joder, que la gente nos mira», me susurraba al oído de forma amenazante. No podía dejar de llorar, no podía correr ni bajarme del bus. Empezó a pellizcarme la pierna repetidamente para que parase.

Seguía llorando; me faltaba el aire. Sentía que tenía los ojos de todo el bus clavados en mí. Iba a explotar; quería pegarle muy fuerte, pero no podía focalizar mis fuerzas en eso: era mi día y me jugaba mi carrera en unas horas.

Conseguí tranquilizarme. Callados, nos bajamos en la parada que tocaba.

Me metí en el primer fotomatón que vi en el metro. Me senté, metí los tres euros, cerré los ojos, me sequé las lágrimas, respiré hondo y sonreí como pude.

Cuando tuve la fotografía en la mano, fue la primera vez que fui consciente de cómo me estaba afectando todo eso. Me miraba en aquella foto y no me reconocía: estaba feo, hinchado, con los ojos rojos, una sonrisa fingida y la mirada perdida.

Ese no era yo. La persona que ese día iba a demostrar su valía en las pruebas no era Malbert. No era quien se había pasado todo un año preparándose cada uno de esos ejercicios. Mi cuerpo estaba ahí, pero yo no.

Todavía guardo aquellas fotos, porque ese fue el momento en el que supe que algo tenía que cambiar.

Evidentemente, suspendí el examen.

Mi cabeza, los nervios y la ansiedad pusieron delante de mí un muro que no pude derribar.

Tartamudeaba al recitar los versos, olvidé partes del texto, no supe entonar ni dar énfasis a lo que contaba. Fue un desastre absoluto.

Una vez más, sin ser consciente, le regalé a mi novio lo que buscaba.

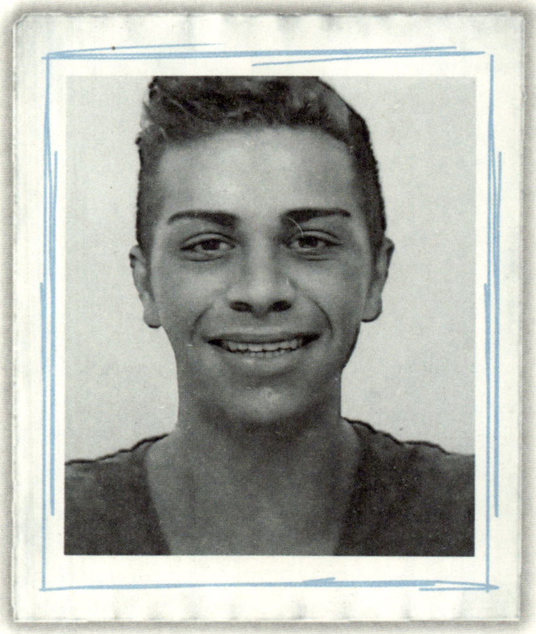

Jamás les conté estos episodios a mis amigas ni a mi familia. Mi madre lo adoraba y no quería que cambiase su percepción de él. Dos años de relación dieron para muchas comidas familiares. Aun así, no era era capaz de contarle ni a mi chupipandi las mil historias que vivía cada fin de semana junto a él. Yo era una persona de carácter fuerte y con mucha personalidad, y contar toda esa manipulación que sufría constantemente me daba VERGÜENZA. Por otra parte, sabía que en el momento en que yo contase la mitad de lo que vivía, mis amigas iban a odiarlo e insistirían en que lo dejase. Y yo no quería eso. Yo le quería.

Pues a mis amigas ni siquiera les conté la vez que estuve a punto de tirarme por la ventana de un segundo.

Su madre estaba conociendo a un hombre y pasaba muchos fines de semana fuera, así que nos quedábamos a dormir en su piso porque así estábamos solos. Aquella fue una de otras muchas peleas diarias. Quise marcharme tras una tonta discusión, a saber por qué motivo. Como él quería impedir que me fuese, cerró todas las puertas con llave.

Empecé a gritar. Me tapaba la boca para que los vecinos no escuchasen nada. Hubo insultos, amenazas y forcejeos. De la rabia por no querer pegarle, le di un puñetazo a un armario y desencajé la puerta. Me sangraban los nudillos, pero aun así cogí mis cosas y abrí la ventana. Estábamos en un segundo. Puse un pie en el bordillo de la ventana, saqué medio cuerpo y, cuando estaba a punto de saltar, me cogió por la espalda y tiró de mí hacia dentro con la mala suerte de que caí encima de su escritorio y me golpeé la nuca contra la mesa.

Por suerte, no pasó nada. Pero acto seguido, me recogió del suelo, nos miramos fijamente y nos empezamos a besar como si no hubiese un mañana; terminamos follando sin compasión, como si de esa forma descargásemos toda la rabia y la transformásemos en placer. Era adictivo y un puto bucle del que no podía escapar. Las peleas, insultos, gritos y lágrimas eran como una puta droga, pero no podía despegarme de él. Me estaba consumiendo por dentro y aun así lo necesitaba. Nuestras familias incluso se conocían y yo me veía incapaz de rehacer mi vida con otra persona. Era mi primer amor y tampoco entendía muy bien que lo que estaba pasando se llamaba MALTRATO PSICOLÓGICO.

O aportas o aparta.

A mí nadie me enseñó con dieciséis años el significado de ese concepto. La educación emocional es muy necesaria. Debería ser una asignatura más en el colegio desde bien pequeños. Es importante saber gestionar de forma sana y correcta tus emociones o, al menos, tener herramientas para poder hacerlo y así no hacerte daño ni a ti ni a la gente que te rodea. Esto es igual de importante que las matemáticas o la lengua. Porque si ni yo mismo consigo entender lo que pasa por mi cabeza o lo que siento, ¿cómo quieres que entienda cómo se resuelve una ecuación?

Más psicología emocional y menos matemáticas. Hay veces en que miro el reloj y se me olvida cómo se leen las horas. ¿Me ves preocupado? Pues no mucho, ¡porque no me hace falta! Porque... ¿Qué es el tiempo? ¡A mí qué me cuentas! Que se ajuste el tiempo a mí. O yo qué sé, los Reyes Católicos. ¿Quiénes son esos señores? ¿Crees tú que ellos están hablando de mí? ¡No! ¿Pues por qué tengo que saberme yo sus nombres?

A mí no me hacen falta tantas matemáticas, porque yo ya sé perfectamente que tres por uno son cuatro. Es más, que tres por uno lo puede hacer mi teléfono. Pero este no me dice cómo superar una crisis de ansiedad, por ejemplo.

Nunca llegamos a una agresión física fuerte, pero las agresiones psicológicas son puñetazos que se dan sin manos y sin darse cuenta.

SITUACIONES QUE NADIE ME ENSEÑÓ A GESTIONAR

Cuando...

- El amor duele
- Los amigos se van
- Las promesas se rompen
- Hay errores que retrasan
- Tú quieres, pero tu cabeza no te deja
- Los recuerdos no se van
- La ansiedad aparece sin permiso
- Los finales son necesarios
- Nada vuelve a ser lo mismo

Harto de ver que mi vida no avanzaba y que NO ERA FELIZ, decidí dejarle. Alguien que destruye tu salud mental no puede ser el amor de tu vida.

—No, por favor... No, no, no... No me hagas esto. ¿Qué les vamos a decir a nuestros padres? Yo te quiero.

—Esto no es sano, no quiero seguir con lo nuestro.

—Te prometo que cambiaré. Lo haré por ti.

—Tú no tienes que cambiar por mí, deberías hacerlo por ti.

—Cambiaré, pero perdóname.

—...

—Dame una oportunidad.

Y esa oportunidad no fueron ni una, ni dos, ni tres. Hasta cuatro veces lo dejamos y volvimos. Hay gente que no te quiere perder, pero no sabe para qué te quiere. Cada una de esas veces prometía que iba a cambiar. Pero no: seguía siendo el mismo. Diferente disfraz, pero mismo monstruo. La cagaste con hechos y con palabras, no lo vas a arreglar.

Fíjate su nivel de obsesión que, tras haberlo dejado tres veces, seguí creyéndome sus mentiras cuando me decía lo mucho que iba a cambiar. Un día, tomando café, me di cuenta de que no dejaba de mirar el móvil mientras charlábamos tranquilamente. Parecía como si leyese un guion. Era muy raro.

Me levanté rápido y vi que estaba leyendo una nota en el teléfono. Tenía apuntadas todas las preguntas que había querido hacerme durante la semana sobre lo que yo había hecho, pero que no me había preguntado para no quedar de controlador.

No sé si me explico. Es decir, mientras hablábamos, él iba metiendo en la conversación sin que yo me diese cuenta preguntas del tipo: «¿Ostras, pero... el viernes te fuiste muy tarde a dormir, no? ¿Y eso? ¿Y no te conectaste por la madrugada al WhatsApp?». Y a medida que se las respondía, las iba borrando. El tío tenía como veinte preguntas escritas hasta con las horas de lo que él creía que no le cuadraba sobre lo que yo había en los siete días en que no nos habíamos visto. Muy fuerte.

Decidí cortar por lo sano. Lo dejé y lo bloqueé en WhatsApp, Instagram y todas las redes sociales. Bloquear no es falta de madurez, sino un acto de paz mental. La tranquilidad que sentí entonces valió todo lo que había perdido. Gracias a él, sabía lo que no quería. Tuve que bloquear sus llamadas porque NO QUERÍA PUTOSABER NADA DE ÉL. ¿Y sabéis cómo contactaba conmigo el puto pringado? A través de Bizum.

Importe total

0,50 €

Por favor, nene, que solo puedo escribirte por aquí. Desbloquéame y hablamos, que lo siento mucho. Te quiero, por favor.

Importe total

0,50 €

Mira, Malbert, ya no puedo más. Este es el último, llevo casi 3 €. Solo quiero explicarte las cosas. Entiendo que no quieras volver, pero solo quiero hablar. Por favor, contéstame.

Lo siento, valora ya, no después. Me cansé de sufrir por ti, y ahora vienes a llorarme arrepentido. Me tuviste y me quisiste perder. Y ahora que me perdiste me quieres recuperar. No, bonito, soy demasiado para ti. Suerte en tu próxima vida, porque en esta ya me tuviste, y la lotería no toca dos veces.

Del Bizum no lo bloqueé. Que se joda. También te digo, solo me dio para tomarme un gin tonic a su salud, porque a los diez euros se cansó.

Y sí, este es el mismo ex al que pillé poniéndome los cuernos en un cuarto oscuro con su compañero de faena y con el que, precisamente, siempre me decía que no tenía relación. Vaya, quizás era por eso que me quería tener controlado. Porque no quería que yo le hiciese lo que él me estaba haciendo a mí. Pero no, se cree el ladrón que todos son de su misma condición. Hay veces en que me siento muy identificado con *Ratatouille* de Disney. «¿Y por qué?», te preguntarás. Pues porque yo también me dejé manipular por una rata.

Al final lo dejé para siempre. Ya era hora de despedirse de cosas que nunca iban a cambiar, pero no sin antes hacerle creer que quería volver solo porque una noche quería follármelo. Encima le hice pagar un hotel. Al día siguiente, me fui a clase a las siete de la mañana y lo dejé ahí tirado, como se merecía.

Imagino que todo esto me hizo aprender y, sobre todo, MADURAR.

Madurar es entender que el amor no es un «para siempre», sino un «hasta donde sea sano».

MI LISTA DE PRIORIDADES:

- Yo
- Mi salud mental
- Yo
- Mi felicidad
- Yo
- Mis metas
- Yo
- Mi autoestima
- Y... YO

20:43
Domingo, 11 de enero
CAPÍTULO 8
ahora
Que te den

Venir de aquella relación tóxica no me hizo nada bien. A veces pensamos: «Vaya, ya cortó con él. Por fin pudo eliminar de su vida a la persona tóxica. Se terminó el problema». OJALÁ. «Muerto el perro, muerta la rabia», dicen. Mis cojones. Incluso cuando crees haberte deshecho de la mierda que tenías al lado, cuando piensas que tú eres quien ganó y al fin eres libre, aparece algo que seguirá persiguiéndote por mucho tiempo y que no esperabas: las secuelas.

Gracias a una pareja con la que duré tres años (el del hilo rojo que me dejó en la estación con una ensaimada y una sobrasada; estudiaba Psicología y creo que me usó de conejillo de indias), pude entender que mi comportamiento no era sano ni normal. Me enseñó a detectar los problemas en mi cabeza y a ponerles solución. A ese chico le debo que hoy en día pueda entender lo que es una relación sana. Lástima que no tuviese la misma capacidad tratando con personas que dejándolas. Y te estarás preguntando: «Bueno Malbert, ¿tantas secuelas te quedaron de aquella relación tóxica como para que este chico tuviese que hacerte ver la realidad?». Pues juzga tú mismo todo lo que hacía de forma totalmente impulsiva y sin pensar:

- Muchas veces, cuando no dormía con él, me levantaba a las siete de la mañana y bajaba hasta su casa para ver si tenía el coche aparcado en el mismo sitio que la noche anterior. De esa forma, me aseguraba de que no había ido a ningún lado.

- Me hice una cuenta falsa de Instagram para seguir a toda la gente que él seguía. Así, si él empezaba a seguir a otro chico, yo tendría controlado quién era.

- Tenía una nota en el móvil con el número de seguidos y seguidores para ver si cambiaban y por si alguna vez me fallaba la cuenta falsa.

- En aquella misma nota también tenía apuntado el número de likes que había en todas sus fotos de Instagram. Desde la más nueva a la más vieja.

- Me di cuenta de que, si entrabas a Instagram desde el navegador y no desde la aplicación, los likes de las fotos te salían por orden cronológico. Así podía saber quién era la última persona que le había dado a me gusta o si alguien había interactuado recientemente con una foto antigua a modo de tirar la caña.

- Me hice un perfil falso de un chico muy guapo, subí varias fotos, seguí a gente... Todo lo necesario para que pareciese real y empecé a tirarle la caña a mi novio para ver si era capaz de tontear con otros estando conmigo.

- Si pedíamos comida, yo siempre iba a abrir la puerta por si el repartidor era un chico.

- Cuando me dejaba su móvil, le decía que mi Instagram no iba bien y me metía en la lupita para ver el historial de búsqueda y así saber quiénes eran los últimos usuarios que había buscado. Los memorizaba y me los apuntaba en notas del móvil para investigarlos cuando estuviese solo.

- Pasé horas y horas leyendo tuits del perfil de su ex para saber más sobre él. Llegué a leer todos los que publicó los últimos cuatro años. Lo tenía muy analizado y sabía a la perfección cuál era su perfil psicológico. Sabía qué le gustaba comer, a qué discotecas iba, cómo pensaba... Desarrollé una especie de obsesión que me hizo tener su perfil más que estudiado.

Sí, se lo que estás pensando: una completa locura. No estaba bien de la cabeza. Ninguna novedad. Y si todo eso lo ves normal, un consejo: VE A TERAPIA. Pero esas cosas tan solo eran una cuarta parte de todo lo que podía llegar a hacer para saciar mi conducta obsesiva. Las más fuertes creo que no me dejarían ni publicarlas. Había perdido la cabeza y no era consciente de ello. Trataba de controlarme, pero era incapaz. Constantemente, los pensamientos negativos se apoderaban de mí: «Te va a dejar», «se va a liar con otro», «si se va de fiesta, te pondrá los cuernos», «tiene demasiados amigos», «su mejor amigo es demasiado guapo, algo pasará», «si ha llegado tarde es porque estaba con otro», «te está mintiendo»... Eran como unas voces en mi puta cabeza que no podía silenciar de ninguna manera. Estaba siendo, de nuevo, víctima de un maltrato psicológico, pero sin maltrato ni maltratador, porque esta vez era de forma indirecta. Sin darme cuenta, estaba haciendo todo aquello que en el pasado me hirió a mí. Y no solo me estaba volviendo a hacer daño a mí mismo, sino que también se lo hacía a otra persona.

Es por eso que le estaré eternamente agradecido a mi ex el psicólogo, pese a que me abandonase con una ensaimada. Gracias a él, hoy sé lo que es una relación sana y ganar en salud mental. #LaSaludMentalTambiénImporta.

Sin embargo, no todos mis ex me han tratado igual de bien. Quizás esto suene de flipado, pero una de las frases que siempre les digo a mis novios al empezar la relación y que ellos se toman a broma es: «Recuerda que, cuando tú vas, yo ya he vuelto cinco veces. Así que vigila lo que haces». Los imbéciles de mis ex se lo tomaban siempre a risa y capaces son de haberse creído que era una frase de alguna canción de Chenoa, porque cuando tú vas ella viene de allí, gran referente (arriba el chenoísmo), pero aquella frase era más seria de lo que ellos creían. A mi ex el hijo de puta ya se lo demostré pillándolo infraganti en el cuarto oscuro con su compañero de faena tras haberme pasado dos horas escondiéndome entre la gente de la discoteca mientras lo perseguía (tengo un vídeo hablando de ello). A mi ex el fotógrafo adicto al spinning también lo pillé zorreándole a su encargado del Bershka mientras estaba conmigo. Y luego la puta soy yo. Perdona, puta, pero con principios. Y lo de mi ex el de Londres... Aquello fue una pillada

MONUMENTAL. Algo que le demostró que a hijo de puta no me gana nadie y que tratar de engañarme a mí es como pedir que Beret aprenda a cantar: misión imposible.

Como muchos sabréis si habéis leído mi primer libro, el amor de mi vida, la persona de la que más enamorado he estado y con la que más feliz he sido fue mi ex el de Londres. En comparación con mis otras exparejas, con él duré muy poco: seis meses. Pero la conexión que llegamos a sentir ambos fue tan especial y tan única que me demostró que no importa cuánto tiempo pases junto a la persona a la que quieres, sino la calidad de ese tiempo. Fue una de las etapas más sanas de mi vida. Lo amaba con locura. Una lástima la forma en la que terminó todo. No porque yo quisiese, sino porque pensó que sería más listo que yo. Y el diablo sabe más por viejo que por diablo.

Los sentimientos a veces cambian, evolucionan, y, en este caso, huyen. Era diciembre y había pasado junto a él una de las Navidades más bonitas de mi vida. Londres es precioso, pero lo era más todavía junto a él. Aquel viaje lo aproveché para ir con una maleta más grande de lo normal y llenarla con cuanta más ropa mejor con la intención de dejarla ahí, ya que iba a tomar una de las decisiones más importantes de mi vida: mudarme de país por amor. Un sueño que me daba algo de vértigo, pero precisamente fue él quien insistió en que era una buena decisión, así que me animó. Necesitaba un cambio en mi vida y era la excusa perfecta para darme ese empujón. Lo iba a dejar todo —mi familia, mi país, mis amigos y mi vida— por él, por seguir a su lado. Y lo hacía completamente enamorado. Llevaba algunos años queriendo dejar el trabajo de dar clases en colegios, ya que no era un gran sustento económico. Que me pagaban como el puto coño, vaya. Tenía intención de buscar trabajo como asistente de butacas en los teatros de Londres, porque como aún no me dedicaba a las redes sociales al completo, iba a necesitar otro trabajo de media jornada. Ella butaquera por amor. Yo es que me meo con el cuadro de mi vida.

Pero la intuición nunca me falla: sabía que algo iba mal. El destino me mandaba señales, y no es broma. De hecho, tenía cita previa en una entidad para adquirir el número de la seguridad social de allí y así poder trabajar de forma legal. Pues, por casualidades de la vida, un día antes, estando ya en Londres, me anularon la visita. Creo en el destino, creo en las casualidades. Todo pasa por algo. Por eso decidí traerme de vuelta a Barcelona toda esa ropa que pretendía dejar allí. Una que tiene un sexto sentido. Llegó enero, las clases continuaban y yo tenía que volver a España. Tenía intención de mudarme en marzo, así que volví dejando a mi gran amor en Londres, pero con una mosca detrás de la oreja. Él se despidió diciéndome: «TE QUIERO MUCHO». Tampoco quería darle muchas vueltas, pensé que serían paranoias mías, pero lo digo siempre: ojo de loca no se equivoca.

¿Tú te crees capaz de engañarme a mí? ¿A MÍ? Pequeño iluso... ¿Crees que tienes la CAPACIDAD suficiente como para esquivar mi mirada? No, querida, no. A MÍ NO SE ME ENGAÑA, y, si lo haces, ATENTE A LAS CONSECUENCIAS. Porque así fue. Él jamás se esperaba mi jugada maestra. Cuando se trata de destapar las mentiras para descubrir la verdad y quitarle la máscara a más de uno, entonces saco mi verdadera personalidad.

FRÍA
DURA
CALCULADORA

A detective retorcida no me gana nadie. Si no, que se lo digan a M. Frijoles, que no quiero decir su nombre, pero bueno, Miguel Frigenti sabe que es él. Lo pillé haciéndose cuentas falsas para atacarme porque nadie le defendía en nuestra discusión. Y al final descubrí que el número de teléfono que había vinculado a esa cuenta falsa era el de M. Frijoles. Hay que ser patético... En fin, chique, ¿qué podemos esperar de una rata de alcantarilla? A rat is a rat. Pues si soy así de zorro con un engendro esperpéntico con voz de Alvin y sus ardillas, imagínate con mi novio.

Mi chico estaba raro y yo lo sabía. Ya le había preguntado directamente si le pasaba algo. «Qué va, está todo bien, nene», me decía. ¿Estoy loca? ¿ESTOOOY LOCA YO ENTONCES? Puede ser. Pero que no. Mi instinto no falla. Una vez más, me vi obligado a organizar uno de mis maquiavélicos planes.

¡MANOS A LA OBRA!

Algo me decía que me estaba engañando; no sabía si me estaba poniendo los cuernos, si había otro... Pero algo pasaba. ¿Dónde va un maricón si quiere zorreo? A Grindr. Me descargué la aplicación por excelencia para follar entre gais. Bueno, follar u ofrecer criptomonedas, ya según el día. La app funciona con GPS y te dice por orden de cercanía cuántos maricones hay a tu alrededor en un máximo de 45 kilómetros. Yo me encontraba en Barcelona y él en Londres. No entiendo mucho de matemáticas, pero a 45 kilómetros Londres no está. Como mucho llego a Zaragoza. Abrí el buscador de vuelos y miré qué posibilidades había ese fin de semana para hacer un viajecito exprés de incógnito. Si la app no llega a Londres, Malbert sí. Por cojones que me plantaba allí a ver si el maricón buscaba nabos ingleses. Y en el caso de que todo fuese una paranoia mía, tenía un plan B: «¡¡¡Sorpresaaa!!! ¡¡¡Te echaba tanto de menos que he venido un día a verte y me voyyy!!! ¡Ayyy, qué loquito! ¿Has visto cuánto te quiero?».

Estuve mirando varias opciones de vuelos, pero estaban al precio de cojón de mico. Aunque ya sabéis lo que dicen: el hambre agudiza el ingenio.

Encontré una cosa llamada VPN, que es una especie de extensión que te descargas y te permite falsificar la ubicación de tu dispositivo a tu antojo. Si eso me funcionaba, podía moverme por todo Londres en busca de su perfil. A veces, el amor desata la locura, y no en el buen sentido. ¿Sabes el típico detective desquiciado de película que tiene las paredes de su casa llenas de fotos e hilos? Pues así lucía yo en ese momento. Tampoco hace falta ser un hacker turco para trolear un poco los dispositivos. No hay nada que un tutorial de YouTube no te cuente. Quiero decir, si has buscado tutoriales de cómo quitarte las durezas de los pies, esto no iba a ser menos. Un par de horitas probando y ¡BINGO! Funcionaba.

Pero antes de empezar mi investigación, si quería que se fijase en mí y sacarle información, mi perfil debía tener cierta credibilidad. John, de Oxford, veintiocho años, deportista y en busca de jarana. *Looking for fun* para las internacionales.

Pero sin imagen no existes. Tenía que buscar un chico guapetón y que más o menos llamase su atención, pero que no fuese un modelazo, porque entonces no iba a colar toda mi mentira. Tenía que ser un chico del montón. Del montón bueno. Mi historial de búsqueda en aquel momento era este:

Si el CNI llegase a leer todo mi historial de búsqueda en Google, creo que vendrían a por mí. Desde «cómo hackeo el GPS para rastrear a mi novio» a «osos maduros». Es que una vez en un directo me dijeron que buscase esto último porque estaban en peligro de extinción y debía informarme. Ella, animalista, lo buscó. No lo hagáis. No están en peligro de extinción. Osos son, pero el único peligro que tienen es que quieran meterte el brazo por el culo.

Perdón, que me voy por las ramas. Continuemos. Fui a los envíos de Amazon que había hecho en mi cuenta. Justo para Navidad le regalé un micrófono de doscientos euros, porque quería ser cantante. Se lo debería haber metido por el culo, ya que sus pedos sonaban mejor. Pero bueno, que le deseo mucha suerte. Porque la necesita. Gracias a ese regalo tenía su dirección exacta, así que lo tenía fácil: si ubicaba el GPS en su casa, en el hipotético caso de que él tuviese Grindr y estuviera poniéndome los cuernos, alguno los perfiles más cercanos a mí tenía que ser él. Esperé a que fuese domingo, porque así tenía más posibilidades de que estuviese en su casa y, si tenía ganas de cancaneo, aumentaban las posibilidades de pillarle. Tenía la aplicación, el perfil, las fotos, su dirección y la ubicación falseada; todo listo para pasar a la acción.

Domingo.

Enciendo la app.

A primera vista había bastantes perfiles sin foto que precisamente eran los más cercanos. A un máximo de un kilómetro había alrededor de unas treinta y cinco mariquitas inquietas. Pasé los perfiles por un filtro de edad. Él tenía veintidós, pero para despistar podía ser capaz de ponerse algún año más o quitarse alguno. Así que, por si acaso, solo descarté los mayores de veintiocho. Me quedé con veinte perfiles. Los fui abriendo uno por uno.

Hello

Hii

How are you?

Good, you?

Same :) Any pics?

Y así con tooodos los perfiles. En cuanto me mandaba una foto y veía que no era él, bloqueado. Estuve literalmente una tarde entera hablando con mariquitas ingleses cachondos. Hasta que en una de ellas...

I live in London, you?

Me too, but I'm from Spain.

No... No, no, no, no.

Era él.

Me temblaban las manos, las piernas, empecé a sudar y bloqueé el móvil. Sabía perfectamente cómo iba a continuar esa conversación. No quería seguir.

Pero se me pasó rápido.

Oh! I love Spain!

(Así continué, ella actriz 360).

Yes, it's amazing, I love it too.
You are so sexy, man

Thank you! Have you any pics of you?

(La prueba de fuego).

Yes, of course

Mi novio, el amor de mi vida. El chico con el que hacía unos días paseaba de la mano por las calles heladas de Londres y me decía «te quiero». La persona que me insistía en que me fuera a vivir con él. El que esas Navidades me había regalado nuestro primer libro de viajes con todos los destinos que íbamos a visitar. Ese mismo estaba en una aplicación para follar. Me entró un calor que recorrió todo mi cuerpo y empecé a llorar. Me sentía engañado, traicionado, PUTOESTAFADO. Desesperado, llamé a mis amigas. «Necesito veros, corred, lo necesito», les decía. Ellas sabían lo enamorado que estaba de él. Habían podido conocerlo y fueron testigos de que éramos la pareja perfecta. Nos amábamos, nos apoyábamos, celebrábamos hasta la más mínima chorrada. Vivir a su lado era tan fácil, y éramos TAN FELICES...

Pero no, parecía ser que eso no era verdad. O al menos por su parte. No dejaba de pensar en aquel «te quiero» que me dijo mirándome a los ojos antes de entrar en el aeropuerto. No entendía cómo era capaz de hacerme esto, a mí, al chico al que le pedía que le abrazase antes de dormir porque, si no, no conseguía conciliar el sueño. Que iba a dejarlo todo por él. TODO. Mi puta familia, mis amigas, mi país, TODO POR ALGUIEN QUE NO LO MERECÍA. Nunca aprenderé a no perder el tiempo con gente que no me merece. Me estaban volviendo a dar una puta bofetada sin manos, pero esta vez, de las dolorosas de verdad. De las que marcan y dejan huella. Estaba viendo cómo la persona que amaba me hería de una forma muy mezquina.

Tonto de mí, decidí continuar con esa conversación. Desde bien pequeño, mi madre me decía siempre: «No preguntes lo que no quieras saber», pero fue un pensamiento que no caló mucho en mí. Necesitaba conocer hasta dónde estaba dispuesto a llegar a mis espaldas. Os voy a traducir la conversación, porque no quiero que perdáis detalle. Hay mucho que entender y algunas sois muy catetas.

> ¿Qué buscas por aquí?

> Bueno, pues como todos en esta aplicación,
> sexo básicamente. ¿Y tú?

(Dios, dios, dios, yo no dejaba de llorar).

Mmmm, interesante. Pues también, sexo

¿Te apetece quedar? Esta noche estoy solo en casa

¿Te gustaría que te follase?

Uff sí, me encantaría. Vente y hacemos de todo.

Esta noche no puedo, lo siento

Le corté el rollo.

Acto seguido, me envió tres fotos. Los documentos gráficos no tenían desperdicio. Ese fue el detonante que hizo estallar por los aires mi cabreo monumental. Una de él sin ropa y en calzoncillos frente al espejo. Que, por cierto, los calzoncillos ERAN PUTOMÍOS, que me los había dejado allí. Otra fotografía de su rabo, ahí en primer plano, una buena longaniza. Y la última, una de su culo. Muy bonito todo.

¿Cómo me tengo que sentir yo después de esto? ¿Por qué todos los tíos son una mierda? Ni uno vale la pena. Parecía perfecto, me trataba bien, coincidíamos en todos los gustos, estábamos asquerosamente hechos el uno para el otro... Pues hasta él, TREMENDO HIJO DE PUTA. ¿Había hecho esto todas las veces que yo me volvía a España? ¿Cuál era su verdadera cara? Me sentía golpeado con mil mentiras y manipulado por una persona sin escrúpulos que se creía más lista que yo. A veces la vida es como usar Excel: crees que sabes, pero no.

En aquel momento, quería pillar un vuelo a Londres y presentarme allí para que me diese las explicaciones cara a cara. Pero no, no estoy tan loco como para hacer eso. Para descargarme un falsificador de GPS, conectarme en Londres desde Barcelona con un perfil falso e ir buscando persona por persona si era mi ex, sí, pero tanto como ir a Londres no. Hay que tener un poco de cordura.

La decepción es una de las sensaciones más tristes que puedes experimentar, y más si viene de una persona a la que amas. Yo confiaba en él. O eso creía. Porque ya no sabía qué decirle. En mi cabeza tan solo tenía una pregunta: «¿Cambiaste o es que no te conocía?» Tanto tiempo creyendo que era la persona con quien perdía la noción del tiempo y resultaba que el tiempo me lo hacía perder él.

A veces crees conocer a alguien, pero en este mundo no puedes fiarte ni de tu propia sombra. No podía dejar de llorar. Era el puto amor de mi vida. No había sentido por nadie lo que sentía por él. Me habían usado de nuevo. Otra puta vez. Cuando todo parecía perfecto y único, volvía a ser la misma puta mierda de siempre. No me quedó otra que decirme a mi mismo: «Yo sé que la vida es dura, pero la verga también y tú la aguantas y te gusta. Así que ánimo, mi vida, ánimo».

Al mismo tiempo que hablaba con mi novio a través de un perfil falso, le escribía por WhatsApp con mi verdadera identidad y el muy hijo de puta no me contestaba. Pero al perfil falso sí. Literalmente se estaba riendo de mí. Pero lo que él no sabía es que yo soy muy bueno en el arte. El arte de JODER.

Esto pasó un ocho de enero. El día catorce era mi cumpleaños. Fui lo bastante retorcido como para callarme todo lo que sabía y no contárselo. Quería esperar al día de mi cumpleaños para ver hasta dónde era capaz de alargar la mentira. Yo sabía que él me estaba siendo infiel o tenía intención de serlo. Pero quería dejarlo en evidencia. Aguanté una semana teniendo conversaciones en las que me decía que estaba muy liado y no podía hablar mucho conmigo. Pero a la vez le estaba escribiendo a mi perfil falso para ver cuándo quedábamos. Yo le decía: «No te preocupes, amor, es normal, tienes cosas que hacer». Seguí fingiendo que no pasaba nada, aun a sabiendas de todo lo que estaba haciendo. Ole mi puto temperamento y mi paciencia por estar una puta semana aguantando las ganas de decirle que lo sabía todo.

Antes de que llegase mi cumpleaños, me dijo: «¿Podemos hacer una videollamada?». Le contesté: «Claro, cuando quieras». Sabía que quería cortar. Cuando quería hacerme una videollamada, me llamaba y punto, nunca preguntaba. Pero esta vez era diferente. Había llegado mi momento.

—Hola, nene.
—Hola, guapo.
—¿Qué tal?
—Pues bien, estaba editando unos vídeos, ¿y tú?
—Bueno... Algo rayado estos días...
—¿Y eso?
—No sé...
—Dime.
—Es que no sé cómo explicarlo.
—Bueno, pues te espero, no te preocupes. Inténtalo al menos. Tú siempre has sido muy sincero con tus pensamientos.
—Creo que mis sentimientos han cambiado.
—Ah, bueno, no te preocupes. Es lo más normal. A veces las cosas cambian y no podemos hacerle nada. —Y le sonreí con cara de hijo de puta.
Él, sorprendido, me respondió:
—Pero... Entiendes que...
—¿Que quieres dejarlo?
—Sí... —susurró.
—Claro, no te preocupes. Es normal y lo entiendo. Además, cada uno tiene que hacer lo que el corazón le pide. —Y le volví a sonreír como si nada.
—Estoy flipando.
—¿Por?
—¿Te da igual que lo dejemos?
—No, hombre, no.
—Pues eso parece.
—¿Qué quieres que le haga? Así es la vida, hay que aceptar las cosas. —Seguí manteniendo mi sonrisa.
—Te juro que estoy flipando. Te dan igual mis sentimientos, nuestra relación, todo... ¿O es que acaso no te ha importado nada de lo que hemos vivido juntos?
—¿Puedo hacerte ahora yo una pregunta?
—Claro.
—¿Tú tienes Grindr?
—¿Cómo? —Se quedó en blanco.

—Nada, que si tienes Grindr.

...

—¿Por qué lo preguntas?

—No sé, una inocente pregunta que se me ha ocurrido ahora, je, je.

—Pues no, no tengo.

—¿Seguro?

—Sí, jamás te mentiría.

—Ostras, entonces ¿cómo es que yo tengo captura de una conversación en la que tú estás pidiendo sexo?

—No lo sé, se estarán haciendo pasar por mí.

—¿Ah sí? ¿Con tus fotos íntimas? ¿De dónde las han sacado? ¿Se están haciendo pasar por ti en la misma ubicación donde vives?

—Estoy flipando, ¿cómo puedes desconfiar de mí? ¡Te estoy diciendo que no tengo y punto!

—Si has tenido la valentía de engañarme a mis espaldas, ten ahora la misma para reconocer la verdad.

—Te juro que jamás te he mentido, y me estás cabreando porque no sé cómo puedes dudar de mi palabra.

—A mí no me vas a manipular. Ni se te ocurra darle la vuelta a la tortilla. No voy a soportar ni una manipulación más. Sabes que no es cierto, que estás mintiendo y estás llevando la mentira hasta el final. Pero te pillé antes de que te creyeses más listo que yo.

—Que te lo juro, joder.

—Última oportunidad. Ya has perdido esta batalla. No solo la batalla, también me has perdido a mí. Al menos, trata de dejar esto de la forma más digna posible, si es que te queda algo de dignidad.

—A ver, Grindr sí tengo. Pero no he hecho nada. Te lo prometo. Lo siento... Sí, te he fallado. Pero quiero que sepas que eso no quita que todo lo que hemos vivido ha sido maravilloso.

—No me hacía falta tu confirmación. Gilipollas no soy. Quiero que sepas que me pareces un cerdo, una persona completamente asquerosa, y que me arrepiento de haberte conocido. Folla con quien quieras, pero que sepas que yo te hice feliz con la ropa puesta. Jamás repetiría nada de lo que hemos vivido juntos. No te reprocho que tus sentimientos hayan cambiado, pero si las personas se importan, las cosas se hablan. Digas lo que digas, eres lo que haces. Tus palabras vacías ya no me sirven. Ese respeto y amor que predicabas tenerme lo destruiste en cuestión de segundos. Espero que encuentres a alguien que te respete una milésima parte de lo que yo te he respetado, y ojalá que nadie te haga lo que tú me has hecho. Un abrazo, y ni se te ocurra volver a llamarme. Que te den. —Y colgué, no quise ni una réplica.

No volví a saber de él. Toda la magia se esfumó. Desapareció. Me sentía traicionado. Me prometió un para siempre y ahora no sabía ni quién era él. Ese no era el chico del que me había enamorado.

No dejaba de pensar en el porqué. Por qué a mí, por qué dejó de sentir, por qué me mintió, por qué me trató así. No le encontraba explicación a nada, pero... sinceramente, tampoco la quería. Hurgar en la herida no hace bien. Hay que aceptar que todo tiene un final.

Estuve mal durante muchos meses, con ansiedad y sintiéndome una puta basura. Algunas noches lloraba antes de acostarme porque me faltaban sus abrazos. Y no quería sentirme así. Era una mierda. Pero todos merecemos permitirnos estar mal. Está bien sentirse mal. No huir de esos sentimientos. Aprendí a no querer tapar el sol con el dedo y creer que todo va a estar bien. Fingirlo y ponerte una máscara solo pone parches que se despegan con facilidad. Me permití estar mal y analicé lo que había sucedido: esa persona había pasado por mi vida por algo. Debía aceptarlo. A veces, se nos va la vida deseando otra.

Han pasado ya casi dos años y, lamentablemente, sigo pensando en él. Todos tenemos a alguien en nuestra vida que, por mucho tiempo que pase y muchas cosas que te haya hecho, si te dice que vayas... vas. Creo que cuando tienes una conexión verdadera con alguien, esta nunca se va. Por mucho que te niegues a aceptarlo o te esfuerces por demostrar que no te importa. Pero esa conexión seguirá siempre ahí y solo tú y esa persona lo vais a saber.

Hasta hace poco pensaba que seguía enamorado de él. Pero no. Me di cuenta de que estaba enamorado de lo que viví junto a él, y eso no se iba a repetir nunca más. Quizás vendría algo mejor, o peor, eso seguro, pero igual que aquello, jamás. Las cosas únicas pasan solo una vez en la vida y por eso son tan especiales. Y, aunque se terminen, porque todo termina —el amor, la tristeza, un helado, la vida, la fama (que se lo digan a los triunfitos)—, voy a estar feliz de haberlas tenido. Haya durado un minuto, dos o seis años. Es bonito poder decir que has amado con locura y que aquello fue correspondido. ¿Que igual te imaginabas otro final con menos ensaimadas en una estación y más felicidad? Pues igual sí. La vida no es perfecta. La vida es una jodida mierda. Pero dentro de lo que cabe, tú has tenido algo único y especial.

Amar de verdad es una apuesta arriesgada. Incluso puede ser peligroso. «AMAR»... Es que hasta la propia palabra me produce miedo. ¿Cuántos de nosotros hemos dado amor a personas equivocadas? Yo a muchas. Igual es que no supe ver que darle todo mi amor incondicional a un chico que había conocido esa misma noche no era una buena opción. Pero ¿y qué? Yo lo sentía así. ¿Quién soy yo para ponerle frenos a mis sentimientos? ¡Bastantes frenos tiene ya mi puta coraza! Creo en los instintos. En las primeras impresiones. Si dentro de ti hay algo que te dice HAZLO, adelante. Prefiero pasarme una vida diciendo: «Madre mía, qué gilipollas que fui; hice eso y lo otro... pero lo hice» antes que preguntarme: «¿Y si lo hubiese hecho?». ¡¡NO!! Bastante injusta es la vida la vida como para andar lamentándonos de cosas que podríamos haber hecho y no hicimos. Prefiero tropezar mil veces a no tener que levantarme ninguna.

Muchas veces el error viene por nuestras expectativas. Invertimos mucho tiempo esperando que la otra persona actúe como queremos o esperamos. Pero amiga, existen más realidades que la tuya, no me seas egocéntrica. Y todas son válidas. Lo que para mí es negro, para otra persona será blanco. Lo que para mí es ruido, para otra persona será la música de Ana Guerra. Y ahí está la riqueza (o sordera) de la sociedad. Hay personas que son como los viernes: las esperamos todos los días pero, cuando por fin llegan, se van más rápido de lo que nos gustaría. No hay que esperar nada de nadie.

Amar es tan arriesgado que a veces la sociedad te dice a quién es correcto amar y a quién no. Y yo me pregunto: ¿de quién es esta vida? Mía, ¿verdad? Pues cierra la puta boca y opina de la tuya, pedazo de cerda. He tenido que mirar a mi alrededor para decidir si darle la mano o no a mi pareja, me han dicho que no soy normal, he tenido que disimular la pluma en el colegio para que no me partiesen la cara, me han esperado en la puerta a la salida del colegio para llamarme maricón y perseguirme; y todo por amar.

Este discurso, este libro y mi experiencia tienen un cometido: que aquello que me pasó a mí no le pase a nadie más. Poder ser la voz que yo nunca escuché cuando necesitaba escucharla.

Pero el amar va mucho más allá. Mucho más lejos de un «qué guapo es». No reduzcamos el amor a algo tan superficial como la belleza externa. Esta se va, al igual que la vida. No seas imbécil, no reduzcas a una persona a un físico. La belleza es subjetiva y el físico, efímero. Yo sé que no le puedo gustar a todo el mundo, no soy una croqueta. Pero lo que ves hoy en mí no será lo mismo que verás de aquí a diez años. Estaré más calvo, más viejo y más arrugado. Como el escroto de Bertín Osborne. Pero ¿sabes lo que nunca cambiará? Mi esencia. La persona que me quiera amar, que lo haga por mi personalidad, mi mirada y mi mundo interior. ¿Sabes por qué? Porque eso sí que perdurará para el resto de los tiempos. Si no vas a quererme así, mejor márchate.

Aquellos que os fuisteis, que me pegasteis la patada, a los que no me valorasteis, a los que me usasteis, os reísteis de mí o me hicisteis perder el tiempo con vuestras mentiras: gracias, porque este libro no existiría sin vosotros. Parecía que no servíais para nada y mira, sorprendentemente os he sacado provecho para algo. Pedazo de inútiles.

Hay días en los que pienso que prohibiría el amor. La de lágrimas que he conocido por sus historias... Desde pequeños nos inculcan que el amor y la felicidad van de la mano, y eso no es cierto. ¡Eso solo pasa en las películas! Tratar de sentirse realizado en la vida a través del amor es una imposición social que hace infeliz a mucha gente.

Entiéndelo como un acto espontáneo de admiración y respeto, pero jamás como el pilar de tu felicidad, porque el día en que ese pilar se tambalee, tu vida se desmoronará por completo, y todo lo que habías construido sobre él se irá a la mierda. ¿Por qué hay tanta gente que construye su vida alrededor de otra persona? ¿Tan poco amas tu vida? ¿Tus metas? ¿Tu tiempo? Después de alguna de mis muchas rupturas, entendí que parte de ese dolor era debido a que yo había hecho precisamente eso. Mi vida, MI PUTA VIDA, en torno a OTRA vida que no era la mía. El día en que esa persona se iba, parecía que mi vida también. Error. Entendí mal el amor.

Cada persona tiene un camino. Y si tú quieres darme la mano mientras yo construyo el mío y tú el tuyo, pues fenomenal. Pero yo sigo en mi camino. Y si algún día desapareces, yo seguiré estando en el mío y tú en el tuyo.

Perdemos tanto tiempo buscando ser amados... Nuestra propia felicidad depende de personas que aún ni conocemos. Pero ¿estamos locos? ¿Quién nos ha metido esta mierda en la cabeza? Pues una puta sociedad monogámica que nos hace creer que la felicidad la obtendremos cuando conozcamos a alguien, nos casemos y vivamos juntos.

A veces pienso que la vida es completamente absurda. Como de risa. Películas, anuncios, series: «AMA PARA SER FELIZ». Persona casada = feliz. Persona soltera = triste. «¿Cuándo te vas a echar novio?», «Se te va a pasar el arroz», «¿Y el hijo para cuándo?», «A ti lo que te hace falta es un buen marido», «Con lo guapa que eres y sigues soltera». Cada dos por tres nos disparan con esos mensajes e imposiciones sociales y al final ya no sabes si amas porque de verdad lo sientes o por miedo a la tristeza que te han inculcado que la soledad trae. Una puta presión social que nos hará buscar constantemente a esa persona para poder alcanzar nuestra estabilidad. Es que es de locos, ¿cómo vas a querer inculcar el mismo ideal a tantos millones de personas, con distintas personalidades, distintas formas de ver la vida y distintos objetivos? ¡Es absurdo!

¡Es que igual yo soy feliz viviendo solo tirado en el sofá con un cheeto pegado en la papada! DEJADME EN PAZ.

Entendí que amar es una decisión, a veces controlable y otras no. Pero que el capricho o el miedo de estar solo no te obliguen a amar, porque vas a olvidar el amor más importante de todos: el que tú debes tener por ti mismo. Creo que el amor no se acaba: nunca se va, no se lo lleva anadie. Es un simple reflejo de lo que tú ya tenías dentro, pero proyectado en alguien más. Eso, precisamente, es tuyo, y puedes volver a transformarlo y proyectarlo sobre ti mismo.

En fin, amar no es tarea fácil. Procura que tu vida no dependa de ello porque, si no, vas a acabar diciendo lo que tantas veces he dicho yo: ¡PUTO AMOR!